AF220002

Der Autor

Zwanzig Jahre seiner Lebensenergie widmet er als leitender Arzt einer großen Klinik.

Zeit für Ruhe, Muße, aber auch sportliche Betätigungen und kreatives Schaffen fand er als Rentner in seiner neuen Heimat, einem urigen Dörfchen, unmittelbar am Waldrand des Nationalparks Eifel.

Unsere Zwillings-erde

Hubertus Saurbier

Herstellung und Verlag

BoD - Books on Demand,

Norderstedt

ISBN: 9783754398388

Was wäre die Welt

ohne Leben?

Ich wäre nicht

ohne Leben!

Währt das Leben

ohne Körper

ewig?

Am späten Abend meines irdischen Seins sucht die Frage aller Fragen immer zwingender nach einer Antwort:

Was ist danach?

Für mich entspricht es einer fantastischen Logik, dass das Geistige des Menschen, dass das Ich-Bin-Bewusstsein im Gegensatz zum Körperlichen nicht dem irdischen Gesetz der Vergänglichkeit ausgeliefert ist? Es ist geradezu verlockend, daraus zu schließen, dass das Leben über den Tod hinaus weiter existiert und nicht im Nichts verschwindet?

Mir ist schon klar, dass kein Mensch auf diese bedeutsame Frage jemals eine wissenschaftlich abgesicherte Antwort geben wird.

Dennoch konnte ich meinen inneren Zwängen nicht widerstehen und habe mich auf den Weg gemacht, eine Antwort zu suchen.

Wer nicht im Dunkeln tastend nach dem Schalter sucht, dem wird kein Licht Erkennen schenken.

Bei der elementaren Bedeutung des Lebens für alles Sein, zunächst ein Blick auf seinen Ursprung.

Vorab zur Erinnerung ein paar Giganten, deren Ausmaße jede Vorstellungskraft bei weitem überfordern.

Vor 13,8 Milliarden Jahren explodierte ein unvorstellbares Minimum an Masse, das aber geladen war mit einem gegen unendlich tendierenden Maximum an Energie.

Der Urknall, die Geburtsstunde des Universums.

Das Universum, das sich seit seiner Entstehung immer noch ausbreitet, hat derzeit einen berechneten Durchmesser von 78 Milliarden Lichtjahren. Ein Lichtjahr umfasst 9,5 Billionen Kilometer.

Dieses Universum ist die Heimat von etwa einer Billion Galaxien.

Eine Galaxie ist die Ansammlung von Sternen, Planetensystemen, Gasnebel, Staubwolken und sogenannter dunkler Materie.

Die Galaxie, zu der unser Sonnensystem mit der Erde gehört, trägt den geschmackvollen Namen „Milchstraße".

Die Milchstraße hat die Form einer spiralförmig angelegten, flachen Scheibe. Sie weist einen Durchmesser von 100.000 Lichtjahren auf und beinhaltet bis zu 200 Milliarden Sterne bzw. Sonnensysteme.[2]

Unser Sonnensystem befindet sich auf einem „kleineren" Spiralarm und ist vom Zentrum der Milchstraße 27.000 Lichtjahre entfernt.

Der größte Teil der Milchstraße ist von der Erde aus als bandförmige, milchige Aufhellung am Nachthimmel zu sehen.

Dieses gewaltige Monstrum Universum, mit seinen, ans Unendliche grenzenden Ausmaßen, Materialmassen, Energiereserven und einer alles erfassenden Dynamik, gehorcht seit über 13 Milliarden Jahren auf die Sekunde und den Millimeter genau den vorgegebenen Naturgesetzen. Gigantisch, gigantisch!

Bewunderndes und demütig ehrfurchtsvolles Staunen.

Gäbe es aber hinter all dem einen existierenden, kreativen Geist, so wäre dieser jenseits aller diesseitigen Dimensionen und erst recht jenseits unseres Vorstellungsvermögens zu Hause.

Der Versuch wäre absolut sinnlos, unsere mit rationalem Denken beauftragten grauen Zellen zu bemühen, sich ein Bild von diesem jenseitigen Geist zu machen. Heraus kämen völlig irreführende, von diesseitigen Klischees beeinflusste Darstellungen.

Neben dem rationalen Denken, neben der Logik, sind unsere grauen Zellen mit einer weiteren Fähigkeit ausgestattet. Nämlich mit der Fähigkeit der Fantasie.

Wäre es wirklich vernünftig, der Fantasie Fußfesseln anzulegen? Ist diese doch in der Lage, in Bereiche vorzudringen, die der Ratio total verschlossen bleiben?

Die starke Triebfeder menschlicher Neugier, gepaart mit Pioniergeist und Forschungsdrang hat manchen klugen Kopf veranlasst, auf den Flügel der Fantasie in unbekannte Gebiete vorzudringen. Fantasie als die Fähigkeit verstanden, sich etwas vorzustellen, was man bisher noch nicht erfassen konnte. Die Fantasie wurde oft zum Wegbereiter der nachdrängenden Wissenschaft. Fantasie ist eine entscheidende Voraussetzung für die Entdeckung von bisher Unbekanntem.

So wäre die weitere fantastische Vorstellung erlaubt, dass auf dem Reißbrett dieses denkbaren jenseitigen, überdimensionalen Genius noch etwas ganz anderes als das Weltall entstanden ist. Diese weitere jenseitige Schöpfung ist nicht materieller Art. Sie ist geistiger Natur.

Der große Geist hat diesmal etwas Einmaliges, Wunderbares, etwas Gewaltiges vollbracht. Er hatte etwas geschaffen, das noch weitaus höher einzustufen ist als das riesige Universum.

Das neue grandiose Werk des jenseitigen, unvorstellbaren Geistes ist das Leben.

Es wäre nicht unpassend, das Leben mit all seine Vielfalt und Dynamik als eine spezielle Energie zu definieren.

Das Leben, eine bis dahin unbekannte Form der Energie, besitzt die Fähigkeit, aus toter Materie nicht nur Lebewesen entstehen zu lassen, sondern diese ein Leben lang am Leben zu halten.

Sicher ist, dass diese Lebensenergie nichts mit den diesseitigen Energieformen zu tun hat.

Wichtige diesseitige Energieformen sind die chemische Energie, die thermische Energie, die Kernenergie, die potenzielle und die kinetische Energie sowie die Energie, die in elektrischen und magnetischen Feldern gespeichert ist.

Keine noch so riesige Menge dieser diesseitigen Energien wäre in der Lage, irgendeine tote Materie zum Leben zu erwecken.

Der Atheist wird sich die Frage stellen: Welche chemischen und physikalischen Gesetze an welchem Ort dieses wertvollste Gut allen Seins, dieses Leben, diese Lebensenergie entstehen ließen

Wichtige Argumente für eine realistische Antwort sollten sich aus den folgenden Tatsachen ergeben:

Tatsache 1: Aus Nichts kann Nichts entstehen.

Tatsache 2: Aus Materie ohne jeden Funken an Leben kann kein Leben entstehen.

Tatsache 3: Irgendwann war aber Leben da.

Tatsache 4: Wenn dieses nicht aus dem ursprünglich leblosen Diesseits stammen kann, dann doch nur aus einem Jenseits.

Eine der tragenden Grundlagen der Naturwissenschaften ist das Energieerhaltungsgesetz.

Energie kann in einem geschlossenen System nicht verbraucht, verloren aber auch nicht neu gewonnen oder erzeugt werden. Energie kann lediglich von der einen in eine andere Energieform umgewandelt werden.

Windräder zum Beispiel erzeugen keine neue Energie, sie wandeln lediglich Bewegungsenergie in elektrische Energie um.

Die Gesamtheit unserer Erde ist eine Ausnahme, sie ist nicht als geschlossenes System anzusehen. So kann Wärme an den Weltraum verloren werden oder umgekehrt, Wärme-Energie von außen, von der Sonne, auf die Erde gelangen.

Die Energie, die die Organe, die Muskulatur oder das Gehirn des menschlichen Körpers arbeiten lässt und die erforderliche Körperwärme erzeugt, stammt aus den mit der Nahrung aufgenommenen Kohlenhydraten, Eiweißen und Fetten.

Nach dem Tod eines Lebewesens wird die im toten Körper noch vorhandene Energie den Mikroben oder Bakterien, die den Verwesungsprozess unterhalten, als Nahrung zur Verfügung gestellt.

Bei der Feuerbestattung wird die noch vorhandene Energie des Körpers in Wärme- und Lichtenergie umgewandelt.

Was aber geschieht beim Tod mit der Lebensenergie?

Eine Frage, die unserem Geist bei der Suche nach einer Antwort erneut die Grenzen des Diesseitigen aufzeigt.

Auf dem Weg zu diesen Grenzen folge ich einem Gedankenspiel.

Unser Lebenssaft, das Blut, erreicht dank der mikroskopisch feinen Verästelung der Blutgefäße jeden Millimeter unseres Körpers. Dies ist Voraussetzung für eine bedarfsgerechte Versorgung und Entsorgung. Für den pausenlosen Blutfluss sorgt in erster Linie die

Pumpe, unser nimmermüde schlagendes Herz.

Wer oder was aber sorgt dafür, dass das Herz pausenlos in einem bedarfsgerechten Rhythmus schlägt?

Da gibt es in der Wand des rechten Vorhofs eine Stelle, Sinusknoten genannt, wo elektrische Impulse erzeugt werden, die über Nervenbahnen zum Herzmuskel gelangen und diesen anregen zu schlagen.

Woher aber erhält dieser Sinusknoten den Auftrag, regelmäßig und möglichst ohne Aussetzer Impulse zu erzeugen? Vielleicht von einer Schaltzentrale im Gehirn?

Wenn dem so wäre, stünde die Frage an, wer der Auftraggeber dieser Gehirnregion ist.

Und schon stößt unsere Neugier erneut an ihre Grenzen, an die Grenzen des Irdischen, an die Grenzen des logischen Denkens und damit an die Grenze des Diesseits zum Jenseits.

Die Logik hat Grenzen, die Fantasie nicht.

Unser, von der Fantasie beflügelter Wissensdrang kommt zu einem phänomenalen Ergebnis.

Hinter den Grenzen ist auf keinen Fall das absolute Nichts. Das Jenseits kann auf keinen Fall mit dem Nichts gleichgesetzt werden. Denn, wenn nicht vom Diesseits, dann muss die

Lebensenergie aus dem Jenseits stammen.

Und nun eine fantastische Logik:

Alles Diesseitige ist vergänglich. Das Leben ist aber jenseitiger Natur und somit nicht von der diesseitigen Vergänglichkeit betroffen.

Kein Wissenschaftler wird je das Gegenteil beweisen können.

Also bleiben, uns Menschen brennend interessierende Fragen, für immer unbeantwortet.

Die Logik muss dem zustimmen, die Fantasie gibt sich damit aber nicht zufrieden.

Ich gebe gerne der schier unwiderstehlichen Versuchung nach und leiste mir das Vergnügen, mit den

Augen einer logischen Fantasie die Lebensenergie als unsterblich auszusehen.

Also, das aus dem Jenseitigen stammende Leben ist nicht dem Gesetz der Vergänglichkeit unterworfen. Vom Tod betroffen ist ausschließlich der materielle Anteil, der Körper.

Meine Seele, mein selbstbewusstes Ich wird weiter existieren. Mit dem Tod ist meine irdische, körperverbundene Zeit zu Ende. Die Trennung von Leib und Seele bedeutet eine segensreiche Befreiung von zahlreichen, das Körperliche betreffenden Einengungen, Krankheiten, Sorgen, Ängsten und Nöten.

Es ist davon auszugehen, dass es auch den klügsten Köpfen in aller Zukunft nicht gelingen wird, Leben in der

Retorte zu erzeugen. Der Mensch muss sich nun mal mit der Tatsache abfinden, dass er keinerlei Zugriff auf die jenseitige Quelle des Lebens hat.

Was ist mit den Bemühungen derer, die davon ausgehen, dass alles Leben von diesseitiger Entstehung sei?

Deren Theorie, dass in den Tiefen der Urozeane im Einflussbereich heißer Quellen das erste Leben in Form von sogenannten Urbakterien, Archaebaktrerien genannt, entstanden sei, ist völlig unbewiesen.

Es ist zwar gelungen, im Labor aus Amoniak, Methan und Wasserstoff, den Elementarbaustein für lebende Organismen, die Aminosäure, herzustellen. Aber auch daraus konnte nie Leben erweckt werden.

Sollte Leben per Meteoriten von irgendwoher aus dem All auf die Erde gelangt sein?

In diesem Fall hätte sich die Frage nach der Herkunft des Lebens lediglich auf einen anderen Planeten verlagert.

Erst nach einer über 3 Milliarden Jahre währenden dramatischen Entwicklungsgeschichte war unser Planet, die Erde, in der Lage, die Gastgeberrolle für Leben zu übernehmen. Vermutlich gelangte das Leben in einer einzigen, winzigen Zelle in unsere Welt. Wissenschaftler gaben ihr den Namen „Luca" (last universal common ancestor).

Man könnte eine Parallele zur Weihnachtsgeschichte erahnen.

Eine bisher etwa 3,5 Millionen Jahre
während und nie enden werdende
Evolution hat eine unendliche Vielfalt
der verschiedensten Lebensformen
entstehen lassen.

Pflanzen, Tiere und Menschen sind eine
harmonisch organisierte Symbiose aus
diesseitiger Materie und dem
jenseitigen Phänomen, dem Leben.

Das Leben, diese überirdische Gabe aus
einem völlig unvorstellbaren Jenseits
an die Erde, erfordert höchste,
ehrfurchtsvolle, Beachtung und
geradezu heilige Hochachtung.

Es entstanden vielfältige Lebewesen
mit all ihren Eigenschaften.

Diese Lebewesen definieren sich je
nach Gattung, Art oder Rasse in den
unterschiedlichsten Fähigkeiten. In den

Fähigkeiten der Wahrnehmung, der organischen, emotionalen und kognitiven Verarbeitung und dem entsprechenden Reaktionsverhalten.

Weitere, bewundernswerte Charakteristika des irdischen Lebens, sind die Fähigkeit der artspezifischen Fortpflanzung, der Entwicklung und der Vergänglichkeit.

Der Mensch unterscheidet sich von den übrigen Lebewesen vor allem durch die Fähigkeit des Ichbewusstseins, der Selbsthinterfragung und durch das Wissen um seine Vergänglichkeit.

Das Leben hebt Pflanzen, Tiere und Menschen in eine Wertedimension, die deutlich höher als die der leblosen Materie einzustufen ist.

Ist nicht das kleine, lebende Pflänzlein, das völlig unbeachtet ein karges Dasein unmittelbar neben Kilometerstein 55 am Straßenrand fristet, um ein Vielfaches wertvoller als ein noch so teurer, aber lebloser Edelstein?

Ohne Leben wäre unsere Erde ein bedeutungsloses Staubkörnchen irgendwo am Rande des schier endlosen Universums.

Das Leben aber katapultiert die Erde geradezu in den geistigen Mittelpunkt des Universums.

Man kann es nicht oft genug hervorheben: Die selbst ernannte Krone der Schöpfung, der mit Herz, Hand und Verstand ausgestattete Mensch, sollte bewundernd und ehrfurchtsvoll niederknien vor diesem übernatürlich genialen Phänomen, Leben.

Der Mensch sollte es als seine oberste und heiligste Pflicht ansehen, die gesamte mit Leben geadelte Schöpfung, die Pflanzen, die Tiere und den Menschen selbst zu hegen, zu pflegen, zu fördern und zu erhalten. Mit einem Wort gesagt, zu lieben.

Mit dem Höchstmaß an Schuld belastet sich nicht nur der, der menschliches Leben aus niederen Beweggründen missachtet oder gar auslöscht, sondern auch ausnahmslos alle die, die artgerechtes Leben von Tieren missachten, oder gar mitverantwortlich sind für Tierquälerei und das Artensterben von Pflanzen und Tieren.

Sehen wir uns die erschütternde Realität an:

Zigtausend Tierarten sind in den nächsten Jahren vom Aussterben bedroht, oder sind bereits auf Nimmerwiedersehen von der Bildfläche verschwunden.

Hochbedrohlich ist die Überfischung der Meere. Von einer Überfischung spricht man, wenn mehr Fische gefangen werden als nachwachsen. Delphine, Rochen, Wale und Haie sind extrem bedroht und bereits um 90% reduziert.

Jedes Tier und jede Pflanze hat einen unverzichtbaren ökologischen Wert.

Auf dieses Werteprädikat darf der Mensch keinen Anspruch erheben.

Man bedenke die Verseuchung der Meere. Zurzeit sind die Weltmeere mit

86 Millionen Tonnen Plastikunrat verdreckt.

Die zunehmende, menschengemachte Erderwärmung verursacht einen deutlichen Klimawandel mit Dürreperioden, Überschwemmungen als Folge von Sturzregen und verheerenden Unwettern

Ein ungebremster Klimawandel wird die Erde für das Leben in naher Zukunft unbewohnbar machen.

Jährlich fallen weltweit bis zu einer Million Menschen Tötungsdelikten zum Opfer.

Alle zehn Sekunden stirbt ein Kind an Unterernährung.

Jährlich sind mehr als eine Million Vergewaltigungen zu beklagen.

Pro Minute wird rund um den Globus eine Fläche von 35 Fußballfeldern Wald, vor allem Regenwald, gerodet.

Dabei ist Wald der größte Luftfilter für Staub und CO_2 und der einzige und damit unersetzliche Produzent von Sauerstoff. Und der Wald gilt als der bedeutendste Süßwasserspeicher.

Die Luft, unser Atemelixier, wird mit Rauch, Staub, Ruß, Abgasen, Aerosolen, Dämpfen oder chemischen Substanzen verschmutz. Bronchien und Lunge erleiden Schäden. Jährlich sterben weltweit über sieben Millionen Menschen einen qualvollen Erstickungs-Tod.

Das Grundwasser ist mit Schadstoffen, wie Müllrückstände, Waschmittel, Pestizide, Düngemittel oder Medikamenten verseucht.

Viele Nahrungsmittel sind mit nachweislich gesundheitsgefährdenden Substanzen belastet. Zu erwähnen sind Weichmacher, Konservierungsstoffe, Pestizide, Emulgatoren, Süßstoffe, Geschmacksverstärker, Arzneimittel, Farbstoffe, Dickungs- und Säuerungsmittel.

Auch zahlreiche technische Errungenschaften der Industrialisierung heizen das Weltklima trotz warnend erhobener Zeigefinger weiterhin bedrohlich auf.

Die Überladung der Erdatmosphäre mit Kohlendioxyd verhindert die Wärmeabstrahlung der Erde ins All.

Diese hemmungslosen Verbrechen gegen die wunderbare Schöpfung und das Leben sind ausschließlich dem Menschen zuzuschreiben, sind das selbstmörderische, selbstzerstörerische Werk der sogenannten „Krone der Schöpfung, dem selbsternannten Ebenbild Gottes".

Dies sind die widerwärtigen Aktivitäten eines sich erhaben dünkenden Lebewesens, das ausgestattet ist mit einem riesigen Gehirn, mit den Fähigkeiten des Lernens, des analytischen, kreativen und vernünftigen Denkens, der Entscheidungsfreiheit und des Selbstbewusstseins.

Alles schuldrelevante Verstöße gegen das Wertvollste der Schöpfung, gegen das Leben.

Es besteht kein Zweifel daran, dass der Mensch zurzeit dabei ist, sich kurzfristig selber und alle anderen Lebewesen komplett auszurotten.

Und das von dem Lebewesen, dass sich eigennützig und selbstherrlich nach einem ewigen Leben im Reich der absoluten Liebe sehnt.

Man könnte meinen, dass sich dieser „homo sapiens" offensichtlich aus niederen Beweggründen für die ewige Verdammnis und gegen das ewige Leben entschieden hat.

Es spricht vieles dafür, dass der mit dem leistungsstärksten Gehirn aller Lebewesen ausgestattete Mensch in diesem Augenblick der Erdgeschichte den Beweis dafür erbringt, eine klassische Fehlentwicklung der Evolution zu sein.

Alle Fehlentwicklungen erweisen sich als auf Dauer nicht lebensfähig und verschwinden bald wieder von der Bildfläche.

Das Attribut „Krone der Schöpfung" hat eine makabre Bedeutung erlangt. Denn dieser Mensch ist bisher die einzige Fehlentwicklung der Erdgeschichte, die es schaffen wird, nicht nur die eigene Spezies sondern auch alles andere Leben auf diesem Planeten zu vernichten und Mutter Erde wieder zu einem einsamen, unbedeutenden Sandkörnchen im endlosen Universum zu degradieren.

Es wäre keine, einer Depression zuzuschreibende Schwarzmalerei, wenn man das Leben der kommenden Generationen, als eine einzige riesige Katastrophe vorhersagen würde.

Gibt es überhaupt noch eine Chance, das Leben, also auch das des Menschen, auf dem Planeten Erde zu retten?

Diese Existenzfrage kann auch bei einer „fünf vor zwölf" Situation mit einem klaren „Ja" beantwortet werden.

Allerdings müsste die Rettungsaktion ausnahmslos global mit maximaler Anstrengung, ohne jegliche Zeitverzögerung und ohne jedweden Kompromiss einsetzen.

Völlig recht hätte jemand, der behauptet, dass in dieser desolaten Situation nur noch Gott helfen könnte.

Der für Fehler und deren Folgen verantwortliche Mensch neigt dazu, mit Gottes korrigierendem Eingreifen zu rechnen.

Aber: ´Hilf dir selbst, dann hilft dir Gott´.

Die Liebe ist ein außergewöhnliches Phänomen, das dem Menschen als eine geradezu überirdische Kraft zur Verfügung gestellt wurde.

Ausschließlich die gewaltige Kraft der Liebe wäre in der Lage, die Welt zu retten.

Leider aber erweist sich rücksichtlose, hemmungslose egoistische, auf materielle Güter und auf Macht ausgerichtete Selbstsucht als das unwiderstehlich süß schmeckende, aber tödliche Rauschgift unserer Zeit. Die wahre Liebe endet oft da, wo die Gier nach Geld und Macht beginnt.

Ich wiederhole gerne meine feste Überzeugung, dass es nur ein einziges rettendes Gegenmittel, gibt, die alles Leben vernichtende Katastrophe abzuwenden.

Die bedingungslose Liebe zur gesamten Schöpfung.

Es ziemt sich, diesem überirdischen Phänomen Liebe, eine besondere Aufmerksamkeit zu schenken.

Die drei Dimensionen der Liebe.

1. Dimension

Die tätige Liebe

Wenn es da draußen, irgendwo in der unvorstellbaren, jenseitigen Ferne einen Gott gäbe, dann müsste dieser Gott die Liebe sein. Denn alle anderen gut gemeinten Beschreibungen wie Herrscher, Allmächtiger, Allwissender, König der Heerscharen und so weiter sind irdische Klischees und auf keinen Fall gewinnend, eher befremdend.

Nichts auf dieser Welt kommt dem Göttlichen näher als die Liebe.

Es spricht vieles dafür, dass man die Liebe als den eindrucksvollsten Fingerabdruck Gottes in unserer Welt deuten kann.

Das Richtige oder das Falsche, das Gute oder das Böse sind erfahrene und erlernte Bewertungsergebnisse.

Diese werden mehr oder weniger effektiv ein Leben lang, vorwiegend aber in der Kindheit und Jugend, im Gedächtnis abgespeichert. Dieser Fundus an Erfahrungen beeinflusst das Verhalten eines Menschen, in gewissem Umfang auch das der Tiere und Pflanzen.

Die Liebe dagegen ist ein jedem Menschen eigenes Phänomen.

Der Heranwachsende erfährt durch Vorbilder, welchen edlen Wert die

Liebe sowohl für den Liebeschenkenden, als auch für den Liebeempfänger und für die Beziehung beider zueinander hat.

Die Liebe ist einmalig aber äußerst vielfältig, sie ist zart und feinfühlig, kann aber auch unendlich mächtig und sogar fordernd in Erscheinung treten.

Man kann sie weder mit dem Metermaß, noch mit der Waage und nicht mit einem Chronometer erfassen. Sie ist mit Geld und Gold nicht aufzuwiegen.

Dieses überirdische Phänomen, Liebe, ist eine spirituelle Größe und damit unabhängig von weltlichen Dimensionen, also auch von der Vergänglichkeit. Wie anders wäre zu erklären, dass die Bezeichnung „ewig"

das gebräuchlichste Adjektiv der Liebe
ist.

Zuwendungen der Liebe bedürfen aber
nicht nur der Mensch und alle übrigen
Lebewesen, sondern auch deren
Lebensraum und deren
Lebensbedingungen.

Wer liebt gibt von dem, was er hat, was
er weiß und was er kann. Und das,
ohne selber an Wert zu verlieren. Im
Gegenteil, wer Liebe schenk, erhöht
seinen eigenen Wert.

Unterlassene Liebe und Verstöße gegen
das Gebot der Liebe können
Schuldgefühle und ein nie
schweigendes, schlechtes Gewissen
hervorrufen.

Liebe erscheint edler als etwas Gutes,
als etwas Schönes oder Teures zu sein.

Nichts Anderes lässt uns einen Hauch des Jenseitigen, des Göttlichen erahnen.

Liebe zu predigen, zu preisen oder zu diskutieren, ist vergleichbar mit dem Betrachten eines Autoprospektes. Die Liebe zu leben, käme dem Genuss gleich, das Autos zu fahren.

Das göttliche der Liebe könnte man daraus ableiten, dass im Gegensatz zu diesseitigen Phänomenen die Liebe immun gegenüber weltlichen Einflüssen ist.

Modeströmungen oder ideologische, politische und philosophische Gesinnungen können die Liebe nicht verändern. Die Welt hat sich über Jahrmillionen vielfältig verändert, die Liebe aber ist das geblieben, was sie seit Menschengedenken ist.

Da es nur die eine, einzige Liebe gibt, kann es auch nur einen, den einen Gott geben, der die Liebe personifiziert.

2. Dimension

Die Liebe als Gebot

Liebe beschränkt sich aber nicht nur auf Geben, Helfen und Gutes tun.

Die Liebe könnte als das einzige Gebot mit Offenbarungswert verstanden werden.

Mit dem Gebot der Liebe sind alle anderen religiösen Gebote erfasst. Wer die Liebe lebt, wird kein falsches Zeugnis gegen den Nächsten ablegen, der wird nicht stehlen oder betrügen, der wird nicht ehebrechen, töten oder morden.

Damit steht die Liebe dem Menschen auch als Maßstab, als Orientierungshilfe oder als eine Art Kompass auf dem Weg durch sein irdisches Leben zur Verfügung.

An jede Entscheidung, Anordnung, jeden Befehl oder jedes Gesetz sollte vor in Kraft treten die Messlatte der Liebe angelegt werden. Nur so kann liebevolle Harmonie die Zwischenmenschlichkeit in den Adelsstand erheben.

Nur die Religionen, die sich in allen Belangen an der Liebe orientieren, sind die einzig wahren Religionen.

Alle die Religionen und Glaubensrichtungen, die dem einen wahren Gott der Liebe dienen, sind zu vergleichen mit einer Person, die lediglich in unterschiedlichen Gewändern in Erscheinung tritt.

Die einzig wahre Heilige Schrift, egal in welcher Sprache sie geschrieben ist, müsste ein Lehrbuch der Liebe für alle Menschen sein.

Der wirklich glaubhafte Priester ist der gute Hirte, der den Gläubigen als Wegweiser der Liebe zu Gott, zu sich selber, zu den Mitmenschen und zu der gesamten Schöpfung dient.

Kirchliche Gebote, Glaubenslehren, religiöse Dogmen und Glaubensinhalte sind nur dann wahr und glaubwürdig, wenn sie sich an der Liebe orientieren.

3. Dimension

Die Liebe als Angebot

Liebe ist ein Gebot, aber auch ein Angebot.

Sie ist nicht als göttlicher Befehl oder als eine Zwangsverpflichtung zu verstehen, der man unausweichlich, kontrolliert von „big brother", folgen und gehorchen muss.

Gott hat dem Menschen zwei Schätze zur Verfügung gestellt.

Zum einen den freien Willen und zum anderen das Glaube-Zweifel-System.

Der Mensch ist im Besitz der freien Wahl, sich für das Gegenteil der Liebe, für den Hass und für das Böse zu entscheiden.

Das Glaube-Zweifel-System besagt, dass der Mensch auch die Freiheit besitzt, das, was er glaubt, in Frage zu stellen oder dieses sogar zu leugnen.

Im Falle der totalen Ausblendung der Existenz Gottes gäbe es keine übergeordnete Instanz mehr, die alles Tun des Menschen beobachtet und richtet.

In dieser Situation ist der Mensch allein die oberste Instanz der freien, eigenmächtigen Entscheidung.

Das Duo aus freiem Willen und dem Glaube-Zweifel-System vergleichbar mit verführerischen Lockrufe zweier verzaubernder Sirenen.

Die Dualität von der tätigen Liebe, dem Gebot Liebe und dem Angebot Liebe einerseits, und andererseits von Entscheidungsfreiheit und Glaube-Zweifel-System, ist nahezu ein Beweis dafür, dass der Sinn des menschlichen Lebens in einer Bewährungsprobe zu sehen ist.

Das meist verlockende Böse und das oft mühsame Gute bilden das Spannungsfeld menschlicher Entscheidungsfreiheit.

Eine Bewährungsprobe wofür?

Allein der große Geist weiß um den Sinn dafür, dass dem Menschen die Verantwortung auferlegt wurde, sich hier auf Erden für das Sein danach zu qualifizieren. In dem Wort qualifizieren steckt der Begriff Qualität. Daraus könnt man den Schluss ziehen, dass die ethisch-moralische Wertigkeit eines Lebens hier auf Erden über die Qualität seines Seins im Jenseits entscheidet. Mit frommen Worten ausgedrückt: Die Liebe, die Du auf Erden lebst, erscheint als Guthaben auf dem ewigen Konto. Es spricht vieles dafür, dass das Wohlbefinden in aller Ewigkeit weitgehend vom Kontostand der auf Erden gelebten Liebe abhängt.

Die Liebe ist allgegenwärtig.

Die Liebe ist nicht allein die gelegentliche gute Tat. Liebe hat etwas von einem ständigen Begleiter. Liebe kann in jeder Geste, im Gesichtsausdruck, im Verhalten, im Gespräch und vor allem in unseren Taten und Werken zum Ausdruck kommen.

Liebe bedeutet nicht nur, an Bedürftige von dem abzugeben, was man hat, was man weiß oder was man kann.

Natürlich zählen Almosen für den Bettler, Spenden an Hungernde und Darbende zum Beispiel in Ländern der Dritten Welt oder in Kriegsgebieten dazu, genauso wie das Trinkgeld für Dienstleistungen.

Aber nicht nur materielle Hilfen schlagen auf dem ewigen Konto zu Buche.

Wer im Besitz von umfangreichem Wissen, einem großen Erfahrungsschatz, Einflussreichtum oder genügend finanziellen Mitteln ist, kann vielen Menschen außergewöhnlich wertvolle Hilfe anbieten.

Auch wer Menschen zum Lachen bringt, mit geschickt formulierten und passenden Komplimenten ein angeknackstes Selbstwertgefühl aufrichtet, wer den Scheuen und Kontaktarmen anspricht, sich mit ihm unterhält, der tut Gutes und zahlt viel ein auf sein Habenkonto.

Der Schauspieler auf der Theaterbühne oder vor der Kamera, der sein Talent zur Verfügung stellt, um anderen Menschen Freude zu bereiten, der tut Gutes.

Jede in Verantwortung und mit Gewissenhaftigkeit ausgeübte berufliche Aktivität, egal ob im körperlichen oder geistigen Bereich, egal ob im Anstellungsverhältnis oder in der Führungsetage, ist eine Tat der Nächstenliebe.

Für verantwortlich ausgeübte berufliche Tätigkeiten ist eine angemessene Honorierung nicht nur sozial gerecht, sondern auch ein Symbol der Anerkennung und des Dankes.

Gehalt oder Lohn verringern auf keinen Fall den Wert der Liebe eines gewissenhaft ausgeübten Berufes.

Es besteht Übereinstimmung mit dem Gebot der Liebe, Gesetze, Regeln und Richtlinien einer Gemeinschaft, eines Volkes oder Staates zu gestalten und zu befolgen.

Politiker sollten bei ihren Entscheidungen immer prüfen, ob Übereinstimmung mit dem Gebot der Liebe gegeben ist.

Es sollte nicht verkannt werden, dass auch der Polizeibeamte im Dienst Nächstenliebe ausübt.

Recht und Gesetz dienen dem Wohl der Gemeinschaft. Wer sein Leben mit Überzeugung nach den juristischen und politischen Maßstäben einer

Gesellschaft ausrichtet, der dient dem Gemeinwohl, der liebt sein Vaterland.

Wer die zwischenmenschlichen Hürden und Barrieren des Stolzes, der Ablehnung oder der Missachtung abreißt, handelt im Sinne der göttlichen Liebe.

Bescheidenheit, Zurückhaltung, Mäßigung, Disziplin und Verzicht zu Gunsten Dritter vergrößert den Wert auf der Habenseite des ewigen Sparbuches.

Das Gebot der Liebe enthält die Verpflichtung zu einem liebevollen Umgang mit den Mitmenschen, den Tieren, den Pflanzen und der gesamten Schöpfung.

Liebe kann Großartiges bewirken.

Ohne Liebe kann Großartiges verpasst werden.

Das Gegenteil von Liebe kann Verheerendes anrichten.

Wer Tiere nicht artgerecht hält und behandelt, die Meere verseucht, die Luft mit Schadstoffen belastet, wer das wenige Trinkwasser vergeudet und ungenießbar macht, wer unsere Mutter Erde mehr und mehr zum Schwitzen bringt, der wird seiner Seele ein verdammt ungemütliches Ruhekissen mit auf den Weg ins ewige Zuhaue bereiten.

Egoismus, Besitz- und Machtgier sind genau betrachte Ausdruck kurzsichtiger Dummheit.

Das intensivste Kommunikationssystem des Menschen ist die Sprache.

Die Sprache erfährt durch Mimik, Körperhaltung, Lautstärke, Betonung und Sprechtempo eine, das Gesagte präzisierende Wirkung.

Worte, im Dienst der Liebe, können wahre Wunder bewirken. Worte des Hasses, der Verleumdung oder der Unwahrheit besitzen das Potential der Vernichtung und der Entwürdigung.

Unbedacht, unkontrolliert, unsensibel oder leichtfertig Dahergeredetes birgt die Gefahr, menschliche Beziehungen zu belasten und zu zerstören.

Eine Sprache, getragen von den Schwingen der Liebe öffnet Ohren und Herzen und befindet sich immer auf der Überholspur.

Die Liebe im Dienste des Fortbestehens der Menschheit.

Eine der herrlichsten Schöpfungsideen des gewaltigen jenseitigen Geistes lässt uns wieder einmal dessen übernatürliche Genialität bewundern.

Dieses einmalige Wunderwerk der ehelichen Partnerschaft ist die Verschmelzung des stärksten autonomen Triebes, des Fortpflanzungs- oder Sexualtriebes, mit der wertvollsten göttlichen Gabe, mit der Liebe.

Zwei Menschen, die sich fürs Leben verbunden haben, spüren das Übernatürliche, das Ewige, das Göttliche ihrer Liebe.

Sie empfinden und beschreiben diese Liebe als ewig, als unvergänglich, als

unsterblich und über den Tod
hinausreichend.

Nicht ein irdisches Wesen, nicht der
Standesbeamte, sondern das
jenseitige Phänomen, Liebe, besiegelt
den Bund der Ehe.

Diese auf Familie und Nachwuchs
ausgerichtete Liebe, nimmt den
höchsten Stellenwert in der ewigen
Werteskala ein.

Die unwiderstehliche Einheit von
Sexualtrieb und Liebe ist der Garant für
das Weiterbestehen der Menschheit.

Der Liebe kommt im Sinne der
Nachwuchsförderung noch eine ganz
besondere Bedeutung zu.

Es ist die Liebe, die das Nest baut, das
für eine ungetrübte Entwicklung des
Nachwuchses erforderlich ist.

Das erwärmende und erhellende Licht der Eltern-Kinder-Liebe ergießt sich Werte vermittelnd über die gesamte Entwicklungsphase des Nachwuchses.

Sie wird zum prägenden, Geborgenheit schenkenden, gutes Vorbild gebenden und Selbstwert erzeugenden Element der Kindererziehung. Die Liebe der Eltern zu den Kindern ist der einzig passende Schlüssel, der die Kleinen aufnahmebereit macht für den prägenden Einfluss der Erziehung.

Diese, für die Entwicklung des Menschen unverzichtbare, von Liebe geprägte Eltern-Kind-Verbundenheit wird man in jeder Kita, in jedem Kindergarten vergeblich suchen!

Die heute so selbstverständlich und zweckmäßig erscheinende Eltern-Kinder-Trennung in großem Umfang, verringert erheblich den wertvollsten und wirkungsvollsten Prägefaktor, die präsente elterliche Liebe.

Ist das Licht der Elternliebe erloschen, werden sich die Kinder ihren Weg ins Leben im Dunkeln mit den Ellbogen ertasten müssen.

Die Partnerliebe birgt noch ein weiteres hochprozentiges Potenzial.

Für das Zusammenfinden der Partner und die frühen Jahre der Partnerschaft spielt das attraktive äußere Erscheinungsbild eine gewichtige Rolle. Mit den Jahren verliert der Fortpflanzungstrieb an Aufmerksamkeit und das Äußere setzt Patina an.

Die Jahre fließen unaufhaltsam und unerbittlich dahin.

Die bunte Blütenpracht des Apfelbaumes verführt zur Bestäubung. Aus den Knospen entwickelt sich ein kleiner Apfel, der bald in prachtvoller Größe und verlockenden Farben bewundert und begehrt wird. Es dauert gar nicht lange. Flecken, Dellen und faulende Stellen nagen an seinem Aussehen.

Der Apfel beginnt zu schrumpfen und wird mürbe. Er ist Fallobst.

Im Alter mögen erworbenes Wissen, angesammeltes Vermögen, anerkannte Leistungen und der Besitz von hohen politischen oder wirtschaftlichen Positionen, einen Menschen bewunderns- und begehrenswert erscheinen lassen.

Aber von einer sexuellen, jugendlichen Anziehungskraft kann kaum noch die Rede sein.

Und trotzdem bleiben Opa und Oma eine sich innig liebenden Einheit. Für die innige Festigkeit dieser wunderbaren Liebe älterer Menschen wird kaum noch die Erinnerung an den schönen Adonis oder an die bezaubernd aussehende Iduna, Göttin der Jugend, verantwortlich sein.

Im Verlauf einer, in Liebe gelebten Ehe, verliert das Oberflächliche, das äußere Bild, an Bedeutung.

Es sind die sogenannten inneren Werte, die im Alter mehr und mehr das Äußere überstrahlen und sogar ausblenden.

Es ist letztlich die Attraktivität der Seele, die die unzerreißbaren Bande einer zeitlosen Liebe knüpft.

Diese echte Partnerliebe, die die Familiengründung zum Ziel hat, unterscheidet sich fundamental von der puren Erotik. Sexualität, die nur der körperlichen Lustbefriedigung dient, ist ohne echte Liebe, ein flüchtiger Rausch.

Es ist schon überraschend und enttäuschend festzustellen, dass der Mensch nicht klug genug zu sein scheint, die Liebe aufzubringen, die als einzige Kraft in der Lage wäre, die Welt zu retten.

Die Wahrscheinlichkeit liegt nicht außerhalb der Möglichkeit, dass der globale Suizid nicht mehr aufzuhalten ist.

All diese bedrohlichen Perspektiven lenken erneut vermehrt den Blick auf eine ganz große, ewige Frage der Menschheit.

Was ist das Leben, welchen Sinn hat das Leben? Wie entstand und woher stammt das Leben. Ist das Leben endlich oder unendlich.

So sicher, wie diese Fragen den Menschen für immer begleiten, so sicher ist die Tatsache, dass eine zufriedenstellende Antwort darauf nie und nimmer gefunden wird.

Auch die Lebensphilosophie hinterlässt eine Fülle unbefriedigender Fragezeichen.

Dennoch ist es weder verboten noch unsinnig, nach Antworten zu suchen und sich mit dieser ergreifenden Thematik zu beschäftigen.

Nur der Blinde, der versucht, einen Weg immer wieder mit dem Stock zu ertasten, wird die Scheu vor dem für ihn Unsichtbaren überwinden.

Eines jedoch wissen wir mit absoluter Sicherheit und ich wiederhole mich gerne, das Leben ist das Wertvollste, was ein Lebewesen besitzt. Das Leben ist von derart außerordentlicher Bedeutung, dass es die Erde als Keimzelle und Heimat des Lebens zum geistigen Mittelpunkt des gewaltigen Universums macht.

Vor allem für den sich seines Seins und seines Tods bewussten Menschen gibt es nichts Wertvolleres als das Leben.

Es gibt nichts, um das es sich mehr lohnt zu kämpfen, als um dieses sein einziges Leben.

Vor nichts hat der Mensch seit Menschengedenken mehr Angst, als vor dem Ende seines Seins, vor seinem Tod.

Nun bietet der dem Menschen zur Verfügung stehende Verstand die verführerische Chance an, einen vermeintlichen Ausweg zu finden.

Das zermürbende Bewusstsein, von der Zeugung an zum Tode verurteilt zu sein, ist unerträglich. Das hässliche Gespenst der Todesangst wird zum ständigen, wenn auch nicht immer im Bewusstsein präsenten Begleiter.

Sehen wir von pathologisch suizidalen Ausnahmesituationen ab, hat die

Erhaltung des Lebens für den
Menschen absolute, oberste Priorität.

Diese Prävalenz trifft in gewissem
Grade auch auf alle andren Lebewesen
zu.

Nein, schreit unser Geist auf, ich will
nicht sterben, ich will ewig leben.

Erscheint die Lösung eines Problems
unmöglich, bietet sich
Kompromissbereitschaft an. Aber wie
müsste ein Kompromiss aussehen, um
eine tröstende Akzeptanz zu erwirken?

Ich könnte mich kompromissbereit
damit abfinden, dass ein Teil von mir,
dass der krankheitsanfällige und
schwächer werdende Körper
irgendwann einmal vom Sensenmann
dahingerafft wird, dass aber mein

bewusstes Ich, meine Seele, weiterleben wird.

Ich könnte mich auch damit einverstanden erklären, dass ich Mutter Erde, dass ich das Diesseits verlassen muss und eine imaginäre Reise in ein imaginäres Jenseits antreten werde.

Bei diesen erlösend wirkenden Aussichten fällt der atemlähmende, tonnenschwere Stein der Angst vor dem endgültigen Nichts mit einem tiefen Seufzer der Erleichterung vom bis dahin gequälten Herzen.

Oh Mensch, oh selbstbewusstes Häufchen Elend. Kaum hast du die eine Angst überwunden, da meldet sich schon eine neue Befürchtung zu Wort.

Die Angst vor allem Neuen, Unbekannten und Fremden. Kein Wunder, diesmal fällt die Angst äußerst üppig aus. Denn dieses Mal ist das Fremde nicht von dieser Welt. Denn diesmal ist das Jenseits das extrem Fremde, das total Andere, das völlig Unvorstellbare.

Die Angst vor dem total Unbekannten und extrem Anderen hindert unsere beflügelte Fantasie aber nicht daran, Bilder von dem total fremden Reiseziel zu malen.

Überraschung, Überraschung. Die ersten Bilder der Fantasie finden sogar begeisternde Zustimmung.

Wie wunderbar, wie beglückend diese Bilder sind.

Und siehe da, was kann es Schöneres geben?

Im Jenseits ist der Tod ein Absurdum.

Und weiter, keine Krankheiten, keine Unfälle, kein Missgeschick, keine Hungersnot, keine Seuchen, keine Feindseligkeiten, keine Lügen und Intrigen, vor allem keine Kriege. Nein, keine Feinde, keine Diebe, keine Betrüger, keine Verbrecher, keine Banditen, keine Mörder.

Wie wunderbar, wie erstrebenswert, wie vollkommen.

Kaum habe ich mich mit dem berauschend Positiven des neuen Lebensraumes angefreundet, da taucht schon wieder die Fratze des ängstlichen Misstrauens auf.

Aber, ewig, ewig und nochmals ewig. Ist das nicht todlangweilig? Ist das nicht unerträglich?

 Nein! Denn im Jenseits gibt es die irdische Dimension Zeit nicht. Wie aber wird sich ein Ich, das auf Erden keine Sekunde ohne Zeit lebte, in einer zeitlosen Welt zurechtfinden?

Weil das jenseitige Leben nur im zeitlosen Augenblick stattfindet. Und Langeweile ist ohne Zeit gar nicht möglich.

Aber dann würden ja im Himmel alle Menschen leben, die je auf Erden existierten und all jene, die die Erde in aller Zukunft bevölkern werden. Man könnt bei diesem Gedanken Platzangst bekommen.

Verliert man da nicht jeden Überblick? Ist es in diesem Ozean voller Seelen überhaupt noch möglich, Bekannte oder Verwandte auszumachen? Bedeutet das nicht heillosen Wirrwarr und Chaos?

Nein! Und nochmals nein. Keine Massenpanik, keine Platzangst.

Man muss davon ausgehen, dass es im Jenseits die irdische Dimension Raum nicht gibt. Es wird dort keine Nähe aber auch keine Ferne, keine Begrenzungen aber auch keine Weiten geben. Es gibt kein Hoch, kein Tief, kein Schmal oder Breit. Es gibt keine Richtungen, keine Gebiete oder Gegenden. Die Liebsten sind da, aber weder nah noch fern. Engegefühle sind nicht möglich.

Und weiter begibt sich unsere Neugier auf die Suche nach Bildern und

Beschreibungen dieser jenseitigen Heimat.

Plötzlich springt ein Gedanke, wie ein furchterregendes Ungeheuer, den nach Bildern von der ewigen Heimat Suchenden an. Es sind die Darstellungen des Jüngsten Gerichtes.

Bei den raffinierten Versuchungen, die das irdisch Leben in Hülle und Fülle anzubieten hat, ist es nicht verwunderlich, wenn so manch einer besorgt oder auch mit Schrecken auf das Urteil des Jüngsten Gerichtes wartet. Was hat es mit der Hölle auf sich? Was bedeutet ewige Verdammnis?

Zahlreiche, von Künstlern in Bild und Schrift dargestellte, furchterregende, abstoßend wirkende Szenarien des Jüngsten Gerichtes, zeigen einen allmächtigen Richter, der scheinbar gnadenlos ganz Heerscharen von in Panik geratenen Sündern in die ewige Verdammnis der Hölle schickt.

Nein! Diese grauenerregenden Darstellungen stünden im krassen Gegensatz zum Bilde Gottes, zum Gott der Liebe, der Vergebung und der absoluten Gerechtigkeit.

Diese furchterregenden, in Wort und Bild gezeichneten Grausamkeiten wurden einst als Instrumente der Abschreckung von der Kirche eingesetzt, um die Gläubigen gefügig zu machen.

Gottes übernatürliche Genialität wählte einen ganz anderen, einen, nein den einzigen absolut idealen Weg der fehlerlosen Rechtsprechung.

Wie bereits erwähnt, wurde im Rahmen des Glaube-Zweifel-Systems dem Menschen höchst persönlich die Entscheidungsfreiheit für das Gute oder das Böse, die Liebe oder den Hass gewährt.

Das perfekt gerechte Urteil über seine Taten spricht nicht Gott, sondern das eigene Gewissen.

Dabei geht es absolut gerecht zu. Das individuelle Gewissen kennt und berücksichtigt alle strafverschärfenden oder strafmildernde Umstände und Einflüsse unter denen eine Tat begangen wurde, besser als jede dritte Person.

Es gibt keinen gerechteren Richter als das individuelle Gewissen.

Das Gewissen, als ein jenseitiges Instrument, gehört zu dem Teil des Menschen, der der irdischen Vergänglichkeit nicht ausgeliefert ist.

Das Gewissen ist das Gütesiegel oder Qualitätsmerkmal des unsterblichen Menschen.

Es wird so sein, dass sich das Gewissen im jenseitigen Leben als sanftes, wohltuendes Ruhekissen oder als mehr oder weniger quälendes Nagelbrett erweist.

Es liegt in der Hand eines Jeden, solange er auf Erden weilt, die Haben - oder die Sollseite seines Kontos für die Ewigkeit aufzufüllen.

Die Zeit des irdischen Daseins ist somit eine Bewährungsprobe.

Der Mensch verdient sich die Qualität des Himmels auf Erden.

Das Gewissen ist nicht nur gerecht, sondern auch immun gegen jeden Versuch der Beeinflussung.

Kein einziges Gewissen ließ sich durch noch so hohe Ablasssummen oder durch ein Geständnis, beziehungsweise durch eine Beichte, mundtot machen.

Eines ist dem Sucher nach Bildern vom ewigen Zuhause mit großer Erleichterung bewusstgeworden: Die, fürchterliche Brandblasen erzeugende Feuersglut der Hölle, gehört in den Bereich der klerikalen Fabeln.

Welch eine Genialität des überirdischen Geistes. Mit der Institution Gewissen wird der ewigen, unfehlbaren Gerechtigkeit absolut genüge getan.

Erfüllen wir uns den ewigen, sehnsüchtigen Wunsch aller Wünsche.

Leisten wir uns das Vergnügen, davon auszugehen, dass das geistige, selbstbewusste Ich, dass die Seele nach dem irdischen Tod weiterlebt und eine neue Heimat in einer wunderbaren jenseitigen Welt findet.

Leisten wir uns den Luxus, mit allen uns zur Verfügung stehenden fantastischen Fähigkeiten, eine vage Vorstellung von unserer zukünftigen Heimat zu erhaschen.

Ich schlage vor, wir überlassen diese aufregende Pionierarbeit zwei prädestinierten Köpfen der Wissenschaft.

Unternehmungslustig beschließen der hoch angesehene Wissenschaftler, Professor für Mathematik und Astrophysik, Dr. Dr. Logisticus, Logi genannt, und sein Freund, der weltweit anerkannte Philosoph Prof. Fantasticus, mit Rufnamen Fanti, eine bisher nie da gewesene Forschungsreise ins Jenseits anzutreten.

Logiticus ist von schlanker Statur, mindestens 1,90 groß, eine stattliche Erscheinung. Volles, weißes, leicht gewelltes Haar verdeckt einen Teil seiner hohen Stirn. Hellwache braune Augen verleihen dem markanten Gesicht eine sympathische, aber auch Respekt gebietende Ausstrahlung.

Sein Freund und Gesprächspartner Fantasticus ist ebenfalls hochgewachsen und von kräftiger

Statur. Auch er trägt volles, ehrwürdig weißes Haar. Sein Bart umrahmt ein erfolgsverwöhntes, Selbstbewusstsein ausstrahlendes und trotzdem gutmütiges Gesicht. Seine weltweit anerkannten wissenschaftlichen Leistungen machten auch ihn zu einer Person, der man mit Respekt und Hochachtung begegnet.

Professor Fantasticus

Professor Logisticus

Dank der wissenschaftlichen Verdienste und ihrer Achtung gebietender Erscheinungsbilder, erfreuten sich beide Professoren allgemeiner Beliebtheit und Wertschätzung.

Das mit zahlreichen Ehren und Auszeichnungen ausgestattete Professorenpärchen hatte wohl aus einer Laune heraus den Entschluss gefasst, eine bisher unbekannte, reale Traumwelt oder eine nur im Traum vorkommende Realwelt zu entdecken. Angetrieben von einem, Wissenschaftlern eigenen Pioniergeist, begaben sie sich auf eine abenteuerliche Reise in eine völlig unbekannte, nicht mehr diesseitige, eher jenseitig anmutende Welt.

„Gönnen wir uns auf unserer Entdeckungsreise das Vergnügen", wandte sich Fanti an Logi, „und gehen davon aus, dass das geistige, bewusste Ich, also die Seele, nach dem Ende des irdischen Menschen weiterlebt und Einzug hält in eine jenseitige Welt.

Dieses Weiterbestehen, dieses Weiterleben meines bewussten Ichs, also meiner Seele, ist für mich überraschend einfach erklärbar. Dem ehernen Gesetz der Vergänglichkeit ist alles Materielle und die gesamte an Materie gebundene Energie verfallen. Die nicht an Materie gebundene Energie des Menschen, also die seines Lebens und damit auch die seines geistigen Ichbewusstseins sind von der Vergänglichkeit nicht betroffen." Fanti lächelte verschmitzt, „kann die Logik mir folgen?"

„Lieber Fanti", schaute Logi seinen ihm seit Jahrzehnten vertrauten Freund an. „Vorschlag: Wie einigen uns bei unserem Vorhaben auf eine methodisch freizügige Strategie. Wir sollten der logischen Fantasie und der fantastischen Logik freien Lauf lassen."

Logi hob seinen rechten Arm und kratzte sich bedächtig am Hinterkopf:

„Lieber Fanti, nehmen wir einmal an, unser künftiges Zuhause wäre total anders als wir Erdenbürger uns das alles vorstellen würden. Dann hätten wir ein Problem. Ich werde dir sagen, was ich mit Problem meine.

Unser selbstbewusstes Ich, unsere Seele, ist ein reinrassig irdisches Produkt, ein Produkt, das in einer materiell-geistigen Welt groß geworden ist. Und in dieser Welt nahm

nicht nur die Liebe und das Gute,
sondern auch das Böse und der Hass
deutlichen Einfluss auf die Entwicklung
des Menschen. So wurde die
menschliche Seele auf ihrem irdischen
Weg nicht nur von der Hand des Gottes
der Liebe, sondern auch, mehr oder
weniger, von der Hand des Teufels,
dem Sinnbild des Bösen geleitet.

Ich weiß nicht, ob sich unsere irdisch
geprägte Seele dort im göttlichen,
heiligen Paradies, also in einer völlig
anderen, total fremden und
unbekannten Welt wohlfühlen könnte?

Denn ein Wohlbefinden wäre doch das
Mindeste, was man in der neuen
Heimat erwarten könnte. Die
Umstellung auf ein total Anderes und
Unbekanntes wäre für das irdisch

geprägte Ich meiner Meinung nach ein
Riesenproblem."

Logi setzte eine ernste Miene auf:
„Mein lieber Fanti, sehe ich das
richtig?"

„Logi, ich bin vollständigan deiner Seite.
Wir dürfen nicht außer Acht lassen,
dass der auf Erden lebende Mensch
von Einflüssen und Impulsen geformt
und geprägt wurde, die nahezu
ausschließlich von den Menschen und
den Lebensbedingungen des nahen und
weiteren Umfeldes stammen.

Das bedeutet", befleißigte sich Fanti
weiterhin, „dass das Ich des Menschen
ein rein irdisches, ein diesseitiges
Produkt ist.

Das geistige Ich, das beim Tod aus
seiner leiblichen Kleidung schlüpft, ist

logischer Weise ein reinrassiges irdisches Produkt. Logi, ich sehe das ganz genau so."

Logi nickte und ergänzte: „Aus zahlreichen, wissenschaftlich exakt beschriebenen Nahtoderfahrungen geht hervor, dass sich das geistige Ich nach dem Verlassen des Körpers exakt genauso wahrnimmt wie vor der Trennung.

Die Nahtoderfahrer berichten glaubwürdig alle das Gleiche. Sie empfanden sich als schwerelos, sie schwebten, sie konnten sehen, hören, fühlen, sprechen und denken. Besonderen Wert legten sie auf die Feststellung, dass sie sich nicht körperlos fühlten, obwohl sie sich vom irdischen Leib getrennt hatten.

Besonders erwähnenswert, sie waren zu Leistungen in der Lage, die man einem intakt funktionierenden Gehirn zuzuschreiben sind könnte.

So zum Beispiel funktionierte das Gedächtnis. Sie erinnerten sich nach der Rückkehr ins irdische Leben an alles, was sie in der Nahtodphase gesehen, gehört, empfunden oder gedacht hatten."

Fanti schaute Logi lächelnd an, „alle Achtung, soviel Logik auf einmal ist ja kaum zu verdauen. Also darf ich daraus den Schluss ziehen, dass die Ich-Wahrnehmungen vor und nach dem Tod weitgehend identisch sind? Ich bin nach dem Tod der Gleiche wie zu Lebzeiten."

„Ich will es gerne bestätigen", beeilte sich Logi: „Es ist als Tatsache anzunehmen, und ich möchte es nochmals deutlich unterstreichen, dass sich das Vor-Tod-Ich und das Nach-Tod-Ich als identisch wahrnehmen.

Man kann es auch so ausdrücken: Ich empfinde mich nach dem Tod genauso wie vor dem Tod. Oder präziser ausgedrückt: Ich existiere nach dem irdischen Tod weiter."

Fanti atmete tief durch und schaute Logi aufmunternd an: „Weißt du, wovon ich jetzt überzeugt bin? Ich will es dir sagen, Logi.

Dieser absoluten Ich-Identität vor und nach dem Tod kommt eine wegweisende Rolle bei dem Versuch zu, sich ein Bild von der neuen Heimat zu machen."

Fanti schaute Logi provozierend an: „Nun, heraus damit, siehst du das als Logikakrobat auch so?".

Logi beugte sich vor und klopfte Fanti auf die Schulter: „Ich bin mir sicher, dass Du recht hast, mein Dicker." Er schaute etwas ratlos zu ihm auf: „Fanti, ich weiß nicht, ob ich richtigliege? Ich benötige noch eine kleine Hilfestellung. Denn das, was mir als Logik klar vor Augen schwebt, ist derart gewaltig, dass ich mich nicht traue, es auszusprechen.

Komm Fanti, nur Mut mein Freund. Denn bei einem Philosophen legt man nicht jedes Wort auf die Goldwaage."

„Okay, okay, ich will´s versuchen", stöhnte Prof. Fantastikus: „Auch, wenn man mir dafür mein aalglattes Fell über die Ohren ziehen könnte."

Der Philosoph holte tief Luft:

„Verzeih mir Logi, aber ich öffne meiner Fantasie jetzt einmal sämtliche Türen und Tore."

Er atmete erneut tief durch, und verlieh seiner sonoren Stimme eine Selbstsicherheit vermittelnde Tonlage.

„Lieber Logi, es besteht kein Zweifel daran, dass das neue, jenseitige Zuhause, das allzu oft als Himmel, als Gottes Reich oder als Ewiges Paradies beschrieben wird, dimensional und fundamental komplett anders ist, als unsere liebe und geliebte Mutter Erde.

Die damit zu erwartende Umstellung vom Diesseits auf das völlig andere Jenseits wäre so außerirdisch und übermenschlich, dass sie dem irdischen Ich nie und nimmer gelingen würde.

Die total andere, jenseitige Welt wäre für jede irdische Seele eine nie zu bewältigende Katastrophe. Es wäre eine Hölle, die nach dem Tod auf jedes Ich warten würde."

„Ei der Daus", staunte Logi, „jetzt ist aber deine Fantasie mit dir durchgegangen. Ich staune immer wieder, wieviel Logik deine Fantasie entfalten kann. Aber, Fanti, mein ehrenwerter Freund, ich gebe dir in allen Punkten Recht."

Logi hatte die Augen geschlossen. Er schien noch nach einer passenden Formulierung zu suchen.

Dann hob er energisch den Kopf, kniff die Augen zusammen, als wolle er einen Punkt in der Ferne fixieren.

Ruckartig richtete er einen offenen Blick auf seinen Reisegefährten: „Fanti, es wäre geradezu ein höllischer Affront gegen alle diesseitige und jenseitige Logik, wenn das Leben danach nichts Anderes zu bieten hätte als einen unvorstellbaren, gewaltigen und auch unvollziehbaren Umgewöhnungsprozess. Deswegen höre, mein Lieber, was ich zu sagen habe.

Die neue, jenseitige Heimat des geistigen, aber irdisch geprägten Ichs, kann nicht total anders sein, sie muss vielmehr der alten, gewohnten Heimat, also unserer Erde sehr ähnlich sein. Etwas Anderes wäre unvorstellbar.

Mein Gelehrtengehirn lässt keine Zweifel daran aufkommen, dass unser zukünftiges Leben in einer Welt stattfinden wird, die der hiesigen ähnelt wie ein Ei dem anderen."

Logi schaute Fanti erwartungsvoll an. Wie war diese sensationelle Offenbarung bei seinem Begleiter angekommen?

Fanti schien etwas sagen zu wollen, brachte aber keinen Ton über seine Lippen. Er vergaß sogar seinen Mund zu schließen. Die Gewalt dieser Schlussfolgerung von Logi hatte ihn wie eine Tsunamiwelle überrollt.

Die ersten Blicke, die er seinem Gegenüber zuwarf, ließen zunächst Entsetzen und Zweifel erkennen.

Doch bald wurde aus Misstrauen mehr und mehr Zustimmung, die sich schließlich in pure Begeisterung verwandelte.

Professor Fantastikus erhob sich aus seinem Sessel, schritt mit ausgebreiteten Armen würdevoll auf seinen Partner zu, umarmte ihn und presste seine, von einem grauen Vollbart verborgenen Lippen auf dessen kluge, hohe Stirn.

„Logi, der Kuss gilt nicht dir, sondern dem genialen Gehirn dahinter. Ich sag es immer wieder: Die von Fantasie begleitete Logik ist das effektivste Instrument der Forschung."

Wie erschöpft ließ sich Fanti wieder in seinen Sessel zurückfallen.

Er wischte sich mit der flachen Hand zweimal über sein kluges Gesicht, als wolle er einen, das Begreifen behindernden Schleier, hinwegwischen.

„Logi, du bist so fantastisch, ich bewundere dich und deine Logik. Bist du dir eigentlich der Tragweite deiner Feststellung bewusst?"

Auf diese Frage schien Logi gewartet zu haben: „Fanti, Fanti, ich habe eine Fülle von fantastischen Bildern vor meinen geistigen Augen. Glaube mir, dass, was ich da entdeckt habe, kommt mir überhaupt nicht wie eine Neuentdeckung vor. Es erscheint mir alles so selbstverständlich, so logisch, so richtig. Es kommt mir vor, als könne es gar nicht anders sein.

Diese jenseitige Welt, die ich im Moment sehe, kann ich nicht als ein Hirngespinst bezeichnen, nein, sie ist jenseitige Realität.

Von etwas ganz Wichtigem, mein werter Freund Fanti, was ich soeben klar vor Augen habe, muss ich noch berichten.

Das Leben in der neuen Welt, die, ich betone es nochmals, ein nahezu hundertprozentiges Duplikat der irdischen ist, wird dennoch gravierende Unterschiede zum irdischen Leben aufweisen."

„Logi", wurde er unterbrochen, „ich habe genau hingehört und glaube mir, ich besitze genug Fantasie, um mir vorzustellen, wie das Leben in diesem unserem Jenseits, in unsrer Zwillingswelt, aussieht."

Fanti und Logi, ein sich ideal in Logik und Fantasie ergänzendes wissenschaftliches Forscher-Paar, waren derart voller Mitteilungsbedürfnis, dass sie gleichzeitig zu reden begannen. „Stopp, ist ja in Ordnung, also Fanti, lass hören, was hast du auf deinem Pionier-Herzen?"

„Ich sehe Wälder, Wiesen und Felder, ich sehe Flüsse, Bäche, Berge und Täler, Meere, Seen, Auen und Wüsten. Ich kann Tiere aller Art beobachten. Dabei, mein Gott, ich kann es kaum glauben, fällt mir eines besonders auf. Wie soll ich das verstehen?

Ich sehe etwas Unvorstellbares. Katz und Maus, die beiden mustergültigen Urfeinde, leben hier in der Zwillingswelt gemeinsam in friedlicher Harmonie nebeneinander.

Und siehe da, kaum zu fassen, ein Rudel Wölfe zieht friedlich an einer Schafherde vorüber. Und was ist denn das? Nein, das kann nun wirklich nicht sein, Kollege. Ich erhalte soeben wunderbare Bilder aus Afrika, genauer gesagt aus der Serengeti.

Aber was ich da jetzt in der Nähe eines Wassertümpels beobachte, kann doch nicht richtig sein? Ich muss wohl Opfer einer gewaltigen Sinnestäuschung geworden sein. Will mir meine fantastische Optik einen gemeinen Streich spielen?"

Kollege, Professor Logistikus, wirkte ein wenig ungehalten: „Nun spanne mich nicht auf die Folter, lass endlich hören Fanti, was du da glaubst zu sehen."

„Da spaziert tatsächlich eine fünfköpfige Löwenfamilie friedlich mitten durch ein ansehnliches Rudel Gazellen. Da ist keine Unruhe, keine Panik, keine Angst und kein Fluchtverhalten zu beobachten. Mein Gott, der König der Tiere scheint sein instinktives Jagdverhalten völlig abgelegt zu haben. Logi, ich könnte beginnen, an mir und meiner fantastischen Logik zu zweifeln."

„Fanti", reagierte Logi mit einem verständnisvollen Lächeln: „Es kann schon stimmig sein, was du da festgestellt hast. Denn der Unterschied zwischen der irdischen und der jenseitigen Welt besteht genau im völligen Freisein, ich sollte sagen, im befreit sein von allem Bösen.

Was du, mein Lieber, soeben entdeckt hast, besagt doch, dass das Freisein von allem Bösen und aller Feindschaft nicht nur den Menschen, sondern auch die Tierwelt betrifft."

„Ein wunderbares Bild eines alles umfassenden, liebvollen und friedlichen Miteinanders," stimmte Fanti zu.

„Logi, du überdimensionales Superhirn, ich sehe ein, dass du recht hast."

Die folgende Erschöpfungspause von Fanti schien Logi zu veranlassen, die Rolle des Zuhörers aufzugeben. „Das, was auch ich gerade beobachte, ist eine logische Folge des soeben gesagten und sollte hervorgehoben werden: Eine äußerst erfreuliche Nachricht. Das Bild des Straßenverkehrs ist völlig frei von militärischen Fahrzeugen, von Kriegsschiffen oder Kampfflugzeugen.

Und noch etwas beeindruckt mich aufs Höchste. Ich kann keinen einzigen Menschen entdecken, der eine Uniform trägt. An Polizisten und Soldaten hat man ganz offensichtlich in der neuen Welt keinerlei Bedarf. Apropos

Uniformen oder Roben. Ich kann nirgendwo nur eine Spur von Rechtsverdrehern ausmachen. Für Staatsanwälte, Rechtsanwälte, Notare, Richter oder Geschworene scheint ebenfalls kein Existenzbedarf zu bestehen. Streitschlichter werden nicht gebraucht."

Der Philosoph neigte seinen weisen Kopf zur linken, dann zur rechten Seite, so, als wolle er Zweifel anmelden: „Liebes wandelndes Lexikon, mein lieber Fanti, auch wenn auf den ersten Blick die irdische der jenseitigen Welt gleicht wie ein Ei dem anderen, so besteht zwischen beiden doch ein gewaltiger essentieller, ein dimensionaler Unterschied. Auch aus dem, was beide Welten so sehr unterscheidet, kann man den Schluss ziehen, dass die jenseitige Welt, ganz im Gegensatz zu der unseren hier, ein Paradies ist, in dem das Böse keinen Platz hat. Der Teufel ist in diesem Paradies eine nichtexistierende Institution.

Alle Menschen und sämtliche Tiere leben in friedlicher Harmonie miteinander.

Verhaltensmaßregeln, Gesetze, Gebote, Verbote sind dort unbekannte Begriffe.

Nebenbei erwähnt, leben die fleischfressenden Jäger unter den Tieren nicht mehr von den qualvoll gerissenen Opfern, sondern von dem Fleisch der Tiere, die ihr Leben auf natürliche Weise beendet haben. Da es in der Zwillingswelt keine Heuchler gibt, ist der sogenannte Beruf des angeblichen Hegers und Pflegers der

Tiere, also des Jägers, eine dort nicht anzutreffende Zunft.

Und noch etwas ganz Außerordentliches kann ich in der neuen Welt erkennen."

Logi legte eine Pause ein, so als wolle er diese neue Feststellung noch einmal überdenken.

„Hör jetzt genau zu, Fanti, mein Mitstreiter. Verlassen wir den Bereich des soeben entdeckten.

Vergebens würdest du nach Apotheken, Arztpraxen, Krankenhäusern, nach Krankenkassen oder Krankenversicherungen Ausschau halten. All das erweist sich dort in unserer jenseitigen Zukunft, in dieser Zwillingswelt als überflüssig.

Und das kann doch nur bedeuten, mein Gott ich traue mich kaum es auszusprechen, das kann doch nur bedeuten, dass es in diesem Jenseits tatsächlich keine Krankheiten, keine Verletzungen, keine Fehl- oder Missbildungen geben kann. Man kennt dort weder Kinderkrankheiten noch irgendwelche krankhaften Alterserscheinungen."

„Und das, was ich in diesem Augenblick zur Kenntnis nehme", ging Fanti dazwischen, „ist für einen Erdenmenschen kaum vorstellbar. Ich kann mit dem besten Willen niemanden ausmachen, den man als älteren oder alten Menschen bezeichnen dürfte. Gehhilfen, Rollatoren oder gar Rollstühle fehlen komplett im Bild des Alltags. Mein Gott, mein Gott, wie bekomme ich das, was ich da soeben weiterhin feststellen konnte, unter meinen imaginären Hut?

Ich kann mit dem besten Willen keine Hebammen entdecken, die in Kreißsälen gebärenden Müttern zur Seite stehen.

Auf den ersten Blick verspüre ich Enttäuschung und Unverständnis. Aber ich muss mich wohl mit dieser jenseitigen Tatsache abfinden.

Das uns hier unten so vertraute Bild einer intakten Familie, mit Kind und Kegel, mit Opa und Oma, scheint es bei denen da oben nicht zu geben. Mein Gott, ich sollt mich korrigieren. Es gibt tatsächlich Wohneinheiten in denen drei oder gar vier Generationen zusammenleben. Aber das, was ich da vorfinde ist etwas, an das ich mich erst einmal gewöhnen müsste. Die

Familienmitglieder, egal welcher Generation sie angehören, sehen nahezu gleich alt aus. So um die Dreißig und Vierzig.

Die Menschen, die dort den Zwillingsplaneten bevölkern, jedenfalls kann man diesen Eindruck bekommen, sind allesamt Erwachsene in den besten Jahren. Zahlenmäßig halten sich Männer und Frauen in etwa die Waage."

Jetzt war es Logi, der durch seine Gestik unmissverständlich zum Ausdruck brachte, dass er an dieser Stelle etwas Wichtiges zu sagen habe.

„Geschätztes Superhirn, hochwohlgeborener Professor Fantastikus, mir ist völlig egal, ob du das einmal Begonnene schon zu Ende gedacht hast oder nicht. Einige zusätzliche Einblicke darüber, wie die Zwillingsmenschen auf der Zwillingserde leben, sollten wir doch noch versuchen zu bekommen."

„Logi, öffne das Ventil deines Ballongehirns, sonst droht uns eine Explosion, so scheint es mir."

„Danke, für deine gespielte Großzügigkeit, Monsieur Fantasticus.

Wie bereits erkannt, findet das Leben der Zwillingsmenschen in den besten Jahren statt. Es ist völlig unmöglich, hier einen genauen Einblick zu bekommen.

Aber mir scheint, als würden die Jenseitigen über ihren gesamten Lebensraum von 120 bis etwa 150 Jahren keinen Alterungsprozess durchlaufen.

Das bedeutet, dass die Leute dort während der gesamten Lebensdauer nicht altern.

Mir scheint auch, dass dort keine Geburtstage gefeiert werden. Auf irdische Maßstäbe übertragen, so schätze auch ich, leben die Zwillinge dort tatsächlich in einem scheinbaren Alter zwischen 30 und 40 Jahren.

Um es nochmals klarzustellen, dort werden keine Kinder zur Welt gebracht, es gibt keine Kreissäle, kein Babygeschrei, es gibt also keine Kinder, keine Jugendlichen, keine Twentys und keine Omis und Opis.

So nebenbei, Kitas, Kindergärten oder Kinderspielplätze sind genauso fehl am Platze wie Seniorenresidenzen, Alten- oder Pflegeheime."

„Mein bewundernswerter Weltenbummler Logi", unterbrach Fanti den Redefluss, „du sagst, dass keine Geburtstage gefeiert werden. Aber auf welche Weise sehen unsere, den irdischen Tod überstandenen Seelen, dort oben das Licht der Zwillingswelt?"

„Fanti, hättest Du mich nicht unterbrochen, dann wüsstest Du es bereits. Also spitz deine Öhrchen.

Wie bereits von den Berichten der Nahtoderfahrenen bekannt ist, verlässt das bewusste geistige Ich, also die Seele, den Körper beim Eintritt des Todes. Tausende, die diese Erfahrungen ganz bewusstgemacht haben, berichten von einem nahezu gleich ablaufenden Geschehen.

Das geistige Ich, das sich genau so empfindet wie zu Lebzeiten hier unten, schwebt noch eine Zeit über dem Ort des Sterbevorganges. Oft ein OP-Saal oder ein Unfallort. Dann wird ihre Aufmerksamkeit von dem irdischen Geschehen abgelenkt. In weiter Ferne, wie am Ende eines langen Tunnels, leuchtet ein helles Licht auf. Und von diesem Licht geht eine magische Anziehungskraft aus. Es erfüllt die Betrachter mit einem ihnen bisher nie erlebten Wohlbefinden und Sehnsuchtsgefühl. Die Nahtoderfahrenen berichten einheitlich von der kaum zu ertragenen Enttäuschung, als sie wieder zurück in das irdische Leben dirigiert wurden.

Fanti, angenommen, alle Reanimationsversuche sind erfolglos. Die Seele ist jetzt überglücklich, dem starken Verlangen nachzugeben, in dieses Licht mit der unwiderstehlichen Anziehungskraft eintauchen zu dürfen.

Die jetzt in dieses unbeschreiblich wohltuende Licht eintretende Seele befindet sich in einer Art Rauschzustand.

Sie empfindet das übermächtige Bedürfnis, in diesem, bisher völlig unbekannten Zustand des in Liebe gebetteten Wohlbefindens zu verharren.

Plötzlich wird die Hand des sich im Glücksrausch Befindenden von der angenehmen Wärme einer anderen Hand ergriffen.

Diese Berührung durchströmte seinen ganzen Körper und verlieh ihm das wunderbare Gefühl äußerst willkommen zu sein und unbegrenzt geliebt zu werden.

´Komm´, vernimmt er eine ihm sehr vertraute Stimme, ´komm mit nach Hause. Wir warten schon so lange auf Dich, du hast uns so sehr gefehlt´.

Professor Logisticus unterbrach sich. Er schaute seinen Freund fragend an. „Ich hoffe, ich langweile dich nicht mit all dem, was ich da gerade miterlebe."

„Im Gegenteil, ganz im Gegenteil, fahre bitte fort, du bist auf einer hoch interessanten Spur. Es wäre schade, wenn du sie verlieren würdest."

„Mosieur Fantasticus, jetzt weiß ich endlich, warum du mein Freund bist."

Logi warf Fanti einen flapsigen Handkuss zu. Für die gefühlte Ewigkeit von circa 10 Sekunden hielt er seine

Augen geschlossen. So als müssten seine geistigen Blicke eine unendliche Entfernung überbrücken. Dann überflog ein leichtes Lächeln sein Gesicht.

„Was ich jetzt sehe, ist viel zu schön um wahr zu sein. Die wiedergeborene Seele schaut jetzt zum ersten Mal seine Begegnung an. Sie blieb wie gebannt stehen. Holte tief Luft, umarmte die Frau an seiner Seite, presste seine Lippen auf ihre Wange und schrie so unkontrolliert laut, als müsse das gesamte Universum von seinem unendlichen Glück erfahren. ´Mutter, Mutter, das hier muss der wahre Himmel sein´.

´Mein lieber, lieber Sohn, mein Junge mein Kind, mein Baby, auch ich kann mein Glück kaum fassen, obwohl mir schon immer klar war, dass wir irgendwann wieder zusammen sein würden. Komm nach Hause, vor allem Vater, aber auch alle anderen aus der Familie, warten auf dein Erscheinen. Es wird dich überraschen, aber alle deine Spielkameraden und sogar einige Schulfreunde sind eingetroffen, um dich zu umarmen und willkommen zu heißen.

Besonders diese deine Freunde können es kaum erwarten, mit dir in absehbarer Zeit auf Weltreise zu gehen und dir all die Naturwunder zu zeigen, die auch unsere Erde zu bieten hatte.

Schau mal, wer da kommt und dich sehnsüchtig erwartet hat´.

Er folgt erwartungsvoll dem Blick seiner Mutter. Was er jetzt wahrnahm, ließ sein Glücksgefühl Purzelbäume schlagen. Was da auf vier Pfoten mit erhobenem Schwanz auf ihn zugelaufen kam, war niemand anderes als seine einst so innig geliebte Main-Coon-Katze, Katharina.

Er nahm sie auf, drückt sie an seine Brust und rieb sein Kinn über ihre Stirn. Eine einst zu Erdenzeiten oft praktizierte und von beiden innig geliebte Schmusezeremonie. Sie schnurrte laut, genau wie einst.

´Jetzt kommt mit ihr beiden Verliebten, zu Hause werdet ihr heiß und innig erwartet. Und mein Sohn, dort wirst du nicht nur von deinen Liebsten, sondern auch von allen sechs vierbeinigen Vorgängerinnen der Katharina heiß und innig ersehnt´.

Logi hielt, offensichtlich äußerst ergriffen, inne. Ein feuchter Schimmer seiner Augen war nicht zu verbergen.

Nach einer kurzen Phase der Besinnung: „Die Szenen der Freude, der Begeisterung und der Glückseligkeit, mein werter Fanti, sind mit den mir zur Verfügung stehenden Worten nicht ausreichend zu beschreiben. Vor allem staune ich über die Feststellung, dass auch das Weiterleben der Tiere das Sein in der Zwischenwelt bereichert. Es ist wohl so, dass alles Leben, egal ob es zum Menschen, zu den Tieren oder Pflanzen gehörte, einmal gezeugt, für immer, bis in alle Ewigkeit erhalten bleibt.

Mein Freund, mein Freund, ja ich gebe es zu, ich beneide die Menschen dort oben in der Zwillingswelt wegen ihrer fast übernatürlichen Fähigkeit, ihrer Liebe einen derart ergreifenden Ausdruck zu verleihen."

Professor Logisticus hielt einen Moment inne. Er schien nach den angemessenen Worten zu suchen, um das möglichst zutreffend zu beschreiben, was er im Moment beobachtet und dabei verspürt hatte.

„Ja", fuhr er überzeugend fort, „man kann unsere Seelen tatsächlich für das Leben nach dem irdischen Tod beneiden.

So gesehen ist der Tod eine göttliche Gnade. Schließlich tauschen wir mit dem Tod ein Leben mit dem Bösen gegen ein Leben ohne das Böse ein.

Ehrlich zugegeben, ist unsere Welt ein einziges Jammertal voller Missgunst,

Hass, Lügen und Intrigen, eine Welt, in der Terrorismus, religiöser Extremismus, Proteste, Streiks, Klassenkampf, Rassismus und Fundamentalismus zum Alltäglichen zu gehören scheinen. Eine Welt, die ohne tägliche Meldungen über Kriege, Kampfhandlungen, Mord und Totschlag, über sexuell motivierte Straftaten bis hin zur Kindesmisshandlung unvorstellbar ist. Eine Welt, in der Korruption, Vertuschung, Unterschlagung und Steuersünden fast wie Kavaliersdelikte betrachtet werden. Und all diese widerwärtigen, Ekel erregenden Krebsgeschwüre und Pestbeulen sind in der Zwillingswelt nicht anzutreffen.

Dort wird das Leben geprägt und bereichert durch Liebe, Wohlwollen, Freundlichkeit, Ehrerbietung, durch

Frohsinn und einer unermüdlichen Bereitschaft, am liebsten in froher und stimmungsvoller Gemeinschaft zu genießen.

Die Gemeinschaft, das Zusammenleben mit Verwandten und Freunden, scheint sich in dieser Welt einer weitaus größeren Beliebtheit zu erfreuen als hier in unserer Ellbogengesellschaft.

Gemeinsame Mahlzeiten, Gesprächs- und Diskussionsrunden, Wanderungen und Ausflüge in kleineren oder auch größeren Gruppen, sind äußerst beliebte Formen der Lebensgestaltung. Äußerst auffallend, ich erkenne dies soeben, führt das Leben in Großfamilien dazu, dass es nirgendwo auf der dortigen Welt Singlehaushalte gibt.

Die für uns kaum vorstellbare Abwesenheit von Bösem und Schlechtem, ist letztlich der Grund dafür, dass die Zwillingsmenschen ihre Lebensenergie zu hundert Prozent den schönen Dingen zur Verfügung stellen können.

Mein Gott, mein Gott, Fanti, Fanti, soeben mache ich eine sensationelle Entdeckung. Ohne das, was ich dir jetzt beschreiben werde, wäre das ideale Leben, welches die Zwillinge dort im Jenseits führen, überhaupt nicht realisierbar."

„Logi, nun mach schon, du redest wieder viel zu viel drum herum."

„Gemach, gemach. Okay, jetzt hör genau zu, du alter Lüstling. Ich sage nur ein Wort: Asexualität."

Logi beobachtete Fanti neugierig. Wie würde dieser, den Freuden des Lebens nicht abgeneigte Mensch, auf diese Nachricht reagieren?

Logi war überrascht. Fanti ließ keinerlei Gesichtsregung erkennen.

„Logi, da sagst du etwas, was mich gar nicht überrascht. Im Gegenteil, das war mir von Anfang an eine Selbstverständlichkeit. Dieses friedliche, freundschaftliche und stets gepflegte Gemeinschaftsleben unserer Zwillinge dort oben, wäre mit der uns auferlegten Sexualität gar nicht denkbar.

Diese überrationale, übermächtige, zwischenmenschliches Verhalten weitgehend bestimmende sexuelle Energie ist auf der einen Seite ein von Gott vorgegebenes, letztlich der

Fortpflanzung dienendes Steuerungssystem, andererseits aber auch eine hässliche und hinterhältige Manipulationsstrategie des Teufels.

Sexualität hat das Potential zu Superlativen und zu Tragödien.

Ungetrübter Frieden, allumfassende empathische Zuneigung und liebevolles Miteinander wären mit der Macht weiblicher oder männlicher Hormone unvorstellbar."

„Ist ja gut", unterbrach Logi, „ist ja gut mein Lieber. Dennoch stellt sich mir hier die Frage, wie kommen unsere Seelen nach dem Verlassen des Tunnels an diesen idealisierten Körper, der ihnen über hundert Jahre ohne Fehl und Tadel zur Verfügung steht. Sie werden nicht gezeugt und nicht geboren."

Fanti sah seinen Gesprächspartner an. „Ist das eine Frage an mich? Wenn ja, dann tut es mir leid, dir keine Antwort geben zu können. Ich habe lediglich eine Vermutung, die weniger der Logik als vielmehr der Fantasie entstammt. Wir befinden uns hier mitten im Bereich des für uns Unbegreiflichen und Wunderbaren.

„Ja, du hast recht", ergriff Logi die weitere Schilderung. Es ist bereits ein übernatürliches Geschehen, wenn hier im Diesseits aus einer befruchteten, mikroskopisch kleinen Eizelle ein hochkompliziert strukturiertes, menschliches Wesen mit Leib, Gefühlen, Verstand und Seele entsteht. Genauso muss man es als einen, einem Wunder gleichenden Vorgang ansehen, wenn die Seele in dem Augenblick, in dem sie den Tunnel verlässt, mit einem

Leib aus Fleisch und Blut versehen wird. Und dieser neue Körper ist ein idealisiertes Abbild des irdischen Menschen."

„Einen kleinen Moment mal," unterbrach Fanti, „lassen wir das mit dem Wunder mal so stehen, aber was verstehst du unter einem idealisierten Abbild? Kannst du vielleicht erkennen und beschreiben, wie diese unsere Zwillingsbrüder und – schwestern aussehen? Und was mich besonders interessiert. Wenn diese Wesen asexuell sind, wieso gibt es dort weibliche und männliche Wesen?"

„Ich kann mir das auch nur so erklären, dass das irdische Erscheinungsbild, dass der irdische Körper lediglich kopiert wird. Hervorzuheben ist dabei, dass diese Kopie in einem idealisierten

Zustand in Erscheinung tritt, das heißt, dieser Zwillingskörper ist völlig frei von Mängel."

„Wieder der Begriff, idealisiert. Also, was meinst du, bedeutet idealisiert?"

„So genau weiß ich das nun auch nicht", reagierte Logi, „ich sehe nur, dass niemand zu dick oder zu dünn ist, zu groß oder zu klein. Aber, Fanti, da fällt mir etwas Außergewöhnliches ins Auge. Ich will versuchen, das mit zutreffenden Worten zu beschreiben.

Unsere vertrauten Empfindungen, wie attraktiv, hübsch, schön oder begehrenswert, wären genau wie das Gegenteil, wie zum Beispiel hässlich, unappetitlich oder unattraktiv hier fehl am Platze. Nein, hier treffen andere Attribute zu. Was diese Zwillingsmenschen ausstrahlen, ist

Sympathie und von Herzen kommende, ehrliche Empathie. Diese Menschen dort in unserer Folgewelt achten sich und gehen liebevoll miteinander um. Die im irdischen Leben mit unvorstellbarem Potential ausgestattete Form des partnerschaftlichen oder sexuellen Begehrens ist im jenseitigen Dasein unbekannt. Ja, ja", schmunzelte Login", an dieser Stelle ist man geneigt, schade, zu sagen.

Das erklärt auch das außergewöhnliche Bedürfnis nach Freundschaft und Gemeinschaft. Ausdruck des intensiven Verlangens nach Gemeinschaftlichem sind in erster Linie Essen und Trinken im Freundes- oder Bekanntenkreis. Zum Nachtisch wird nach Herzenslust geredet und geplaudert."

Logi lehnte sich in seinem Sitzmöbel zurück und legte den rechten Unterschenkel quer über das linke Knie.

„Fanti", wechselte Logi das Thema. „Wird uns Erdenwesen eigentlich bewusst, dass wir einen großen und wertvollen Teil unserer Lebenskraft und unserer knappbemessenen Zeit der Vermeidung und der Abwehr von Aggressionen und Verleumdungen verschwenden müssen?"

„Sehr, sehr richtig, mein lieber Bruder im Geiste," bestätigte Fanti, „du bringst mich wieder ins Schwärmen. Ich versuche mir gerade vorzustellen, in einer Welt zu leben, in der es kein Böses und Widerwärtiges gibt. Welch ein Hochgenuss, welch ein sorgloses Dasein, welch eine Zufriedenheit?

Weiß du was? Ich beginne soeben mich nach diesem himmlischen Leben zu sehnen. Wenn ich mir darüber hinaus noch vorstelle, wie einmalig wunderbar ein Leben sein muss, das niemals von irgendeiner Krankheit oder Behinderungen belästigt wird. Einfach traumhaft. Keine Feindschaften, keine üble Nachrede und keine Existenzsorgen. Einfach bewundernswert."

„Genauer unter die Lupe nehmen sollten wir allerdings die Frage", überlegte Logi, „warum diese Leute dort oben auch keine Angst vor dem Ende ihres scheinbar so wundervollen Lebens haben."

„Mein lieber Freund, dieses Leben dort oben kann, ohne zu übertreiben, als Himmel auf Erden bezeichnet werden.

Zumindest ist jetzt schon festzustellen, dass unsere Artgenossen dem endgültigen Himmel viel näher sind als wir Erdensünder."

„Mister Fantasticus, ich bin äußerst ergriffen von dem, was uns da offenbart worden ist.

Bitte, es wäre mir sehr angenehm, wenn du, Fantasticus, deine mit fantastischen grauen Zellen ausgestatteten Gehirnwindungen bemühen könntest, eine jetzt dringend anstehende Frage zu beantworten."

„Herzlich gerne, zumal ich soeben den Blick für etwas Wesentliches frei bekomme. Es könnte die Antwort auf deine dringliche Frage sein."

„Denn völlig im Dunklen ist noch", präzisierte Logisticus seine Frage, „wie oder woran diese Menschennachfolger sterben? Du sagtest, dass es keine Alten und keine Greise gibt. Schwächen und Gebrechen der späten Jahre, Demenz oder Alzheimer scheinen in jenem Leben unbekannte Begriffe zu sein. Wie beenden diese Zwillingsmenschen nach 120 oder mehr wunderbaren Jahren, in völliger Gesundheit und uneingeschränkter Fitness ihr Dasein?

Wie, mein lieber Freund, ist es möglich, in völliger Gesundheit zu sterben?"

„Mein geschätztes Mathematikgenie, Logi, habe bitte ein wenig Geduld mit einer Antwort auf diese grundsätzliche Frage. Vielleicht wäre es ratsam, vorab noch mehr über das Leben der Zwilling-Menschen zu erfahren. Je mehr Einblick wir in deren Leben gewinnen, umso besser werden wir über deren Lebensende nachdenken können. Außerdem gibt es meinem Empfinden nach noch einen weiteren Grund dafür, den Sinn des Zwillingslebens noch etwas näher unter die Lupe zu nehmen."

„Jetzt bin ich aber gespannt", unterbrach Logi, „dann leg mal los, tu dir keinen Zwang an, du Geheimniskrämer."

„Logi, verzeih mir, es ist im Moment nur so etwas wie eine Ahnung in mir, ich kann mein Gefühl noch nicht konkretisieren. Ich denke lediglich, dass der Sinn des Zwillingslebens nicht nur in der Umgewöhnung besteht. Ich bin mir nahezu sicher, dass da noch etwas ganz Anderes hinter steckt.

„Okay, wie du wünschst, schauen wir weiter", begann Fanti mit einer unverhohlenen Begeisterung.

„Wo waren wir stehen geblieben? Ach, ja, auf den ersten Blick sieht es so aus, als würde sich das alltägliche Leben dort auf ähnliche Art und Weise abspielen, wie auf unserer alten Erde.

Zu meinem Erstaunen ist das aber bei Weitem nicht so. Erlaube mir, den Blick in eine zunächst etwas andere Richtung zu werfen.

So stelle ich mit Erstaunen soeben fest, dass dort oben ausschließlich demokratische Staatssysteme existieren. Und hier noch etwas Beneidenswertes. Der komplette Regierungsapparat eines Landes besteht nur aus einer Hand voll Leuten. Eigentlich nicht verwunderlich. Es gibt in keinem einzigen Staat ein Verteidigungsministerium

Auch auf ein Justiz-, Gesundheits- und Familienministerium kann scheinbar komplett verzichtet werden.

Allerdings wird ein Forschungs- und Entwicklungsministerium mit großer Aufmerksamkeit unterhalten, dessen einzige Aufgabe darin zu bestehen scheint, die sich auf äußerst hohem Niveau befindende digitale Technik weiter zu entwickeln. Das vordergründige politische Ziel ist, den Menschen dort ein äußerst angenehmes und erlebnisreiches Dasein zu ermöglichen. Auch der hier auf Erden Unsummen verschlingende Föderalismus der Staaten ist da oben unbekannt.

Die bei uns grassierenden Seuchen von Gewinnmaximierung, Marktbeherrschung und Korruption passen nicht in die ethisch-moralische Grundstimmung des dortigen Denkens. Gewerkschaften oder Wohlfahrtsverbände zum Beispiel sind nicht erforderlich."

„Hallo Fanti", unterbrach Logi, „du hättest das Zeug eines Alleinunterhalters. Ich sehe da noch einiges, was das Leben hier auf Erden deutlich von dem auf unserem Zwillingsplaneten unterscheidet."

Der große Denker unter den Naturwissenschaftlern nahm in seinem bequemen Sessel eine straffe Haltung an.

„Fanti, es überrascht mich überhaupt nichts mehr. Da fallen mir in sämtlichen

Ländern, das heißt über den gesamten Zwillingsglobus verteilt, zahlreiche, aber in der Größe nicht überdimensionierte Produktionsstätten auf, die ausgefüllt sind mit Maschinen fortschrittlichster High-Technik. Und das Besondere, in diesen Fabriken entdeckt man keine Menschenseele, keinen einzigen dort Beschäftigten. Allerdings scheinen ausgelagerte Computersysteme die Steuerung, Überwachung und fällige Reparaturen zu übernehmen.

Wenn ich das richtig sehe, werden auch Felder, Wiesen und Wälder von völlig autonomen Maschinen nachhaltig gehegt und gepflegt.

Herrlich, herrlich, mir kommen die Tränen vor Freude. Auch, wenn ich mich wiederhole, dort oben wird kein einziges Tier gejagt. Es gibt zum Beispiel kein scheues Reh. Kein einziges Tier ergreift vor panischer Angst die Flucht, wenn es die Witterung eines Menschen oder eines Hundes aufgenommen hat.

Wir sollten uns ein Beispiel an denen da oben nehmen. Insektizide und ähnlich bedenkliche Chemikalien sind dort unbekannte Substanzen.

Schade, dass wir nicht noch genauer hinschauen können. Wir hier unten könnten sehr vieles von denen lernen. So zum Beispiel gehört der Begriff Unkraut nicht zum dortigen Wortschatz.

Man hat erkannt, dass jede Pflanze und ebenso jedes Tier eine ökonomisch unverzichtbare Aufgabe zu erfüllen hat."

„Logi, mein Freund", übernahm Fanti wieder das Wort, „auch mir könnten die Tränen vor Freude über die Wangen rollen, wenn ich sehe, unter welch optimal artgerechten Luxusbedingungen Wald, Wiesen, Felder, Bäche, Flüsse und Seen, ebenso wie Wild- und Nutztiere gehegt und gepflegt werden. Klar zu erkennen, dort in dieser Zwischen-Welt wird das Verhältnis von Mensch zu Tier, wie auch zur gesamten Natur, von einer unerschütterlichen Liebe bestimmt. Dabei werden fortschrittliche wissenschaftliche Erkenntnisse über artgerechten Umgang mit der gesamten Natur beachtet.

In diesem Zusammenhang sollte nicht unerwähnt bleiben, dass unsere Zwillinge ausnahmslos bekennende Vegetarier sind. Die Hochachtung vor allem Leben, auch vor dem tierischen, versetzt bei ihnen die unmenschliche Massentierhaltung und die menschenunwürdigen, tierquälenden Schlachtbedingungen in den Bereich des Nichtnachvollziehbaren.

Im Gegenteil, ihnen stehen äußerst geschmackvolle Lebensmittelkreationen zur Verfügung, die vom Nährwert, vom Geschmack, von der Optik und vom Gehalt an essentiellen Bestandteilen dem Fleisch weitaus überlegen sind."

Fanti dachte einen Moment nach: „Und noch etwas ist dort vorbildlich geregelt. Kommen wir nochmal auf den Straßenverkehr zurück. Ich erkenne, dass der Straßenverkehr in der Zwillingswelt eine weitgehend untergeordnete Rolle spielt.

Unsere wahnwitzigen Autobahnseuchen, wie hohes Verkehrsaufkommen, Schritttempo-Fahren oder Staus sind da oben absolut unbekannt.

Warum das so ist, kann ich dir sagen. Ein Grund dafür ist die Tatsache, dass der Schwergüterverkehr sowie der größte Teil des Personenverkehrs zu einem hohen Prozentsatz auf speziell eingerichtete Luftstraßen verlagert sind.

In diesem Zusammenhang darf ich nicht vergessen zu betonen, dass sämtliche Verkehrsmittel, ganz gleich ob auf dem Gleis, zu Wasser oder in der Luft autonome Steuerung aufweisen und, ich weise gern nochmal darauf hin, dass alle Fahrzeuge mit

Wasserstoff angetriebenen Aggregaten ausgestattet sind."

Logi hielt seine rechte Hand mit der Innenfläche, Stopp gebietend Fanti entgegen.

„Ja, jetzt erkenne auch ich den Unterschied in den Verkehrssystemen. Soeben entdecke ich etwas, was mir fast die Sprache verschlägt. Fast jeder Haushalt ist mit einem oder mehreren Fahrzeugen versehen, die mit unseren Autos hier nur noch sehr wenig gemeinsam haben. Ich will versuchen, mir diese futuristisch aussehenden Vehikel einmal genauer unter die Lupe zu nehmen.

Ihre Form spricht für ein Minimum an Luftwiderstand. Außerdem extreme Leichtbauweise. Ich vermute, dass ein uns hier unbekanntes, superleichtes, aber an Stabilität nicht zu übertreffendes Kunststoffmaterial verwendet wird. Diese räderlosen Vehikel gibt es in unterschiedlichen Größen, je nach Bedarf für zwei, vier oder mehrere Personen.

Auffallend sind die von der Spitze bis zum hinteren Ende reichende S-förmig geschwungene, etwa fünfzig Zentimeter breite Tragflächen. Auf beiden Seiten am vorderen und hinteren Ende der Tragflächen befinden sich je ein kochtopfähnliches Gebilde. In jedem dieser Behälter befindet sich ein Hochleistungsaggregat, das mit seiner Energie den zugehörigen Rotor betreibt. Man könnte von einem Quadrokoptersystem sprechen.

Der Personenverkehr innerhalb eines Landes, aber auch länderübergreifend, hat sich komplett auf sognannte Luftautobahnen verlagert. Auch hier ausschließlich autonome Piloten. Dieser hochmoderne Personenverkehr bietet ein Höchstmaß an Präzision und Sicherheit.

Die Reisedauer mit diesen Quadrokopter beträgt weniger als ein Drittel der Fortbewegungsquälerei hier auf Erden."

Logi lächelte Fanti an: „Die Logik ist unter anderem auch dafür da, die Fantasie vor Ausuferung zu bewahren."

„Und die Fantasie muss darauf achten, dass die Logik nicht beginnt in trüben, undurchschaubaren Gewässern zu fischen. Ich kenne dich Logi, du läufst gelegentlich Gefahr, in mein Gebiet abzudriften. Aber ich bitte dich, doch noch ein paar Beobachtungen zu beschreiben, die dir wiederum erwähnenswert erscheinen."

„Sehr gerne, Fantasticus, dabei werde ich mich auf das beschränken, was mir von Bedeutung erscheint.

Ich gebe gerne immer wieder zu, dass ich mit einer gehörigen Portion Neid dem Leben und Treiben der Menschen auf diesem blauen Zwillingsplaneten zuschaue.

Aber leider ist es so. Wir leben hier auf Erde-Eins und die Leute dort bevölkern Erde-Zwei.

Ich wiederhole gerne nochmal: Erde-Eins und Erde-Zwei gleichen sich geografisch wie ein Ei dem anderen. So zum Beispiel sind die Zeitzonen, der Tag-Nacht-Rhythmus und die

Jahreszeiten, aber auch die Tiden auf beiden Planeten absolut identisch.

Das Folgende bleibt für mich leider nur eine fantastische Vermutung. Ich kann mich des Eindrucks nicht erwehren, dass die Gravitation des Zwillingplaneten etwas geringer ist als hier bei uns. Ich schließ das aus der Leichtigkeit, mit der sich die Zwillingsmenschen auf ihren Beinen fortbewegen. Auch die Bevorzugung des Luftverkehrs könnte als Indiz dafür genommen werden. Das alles wäre aber nur damit zu erklären, dass die Massendichte unseres Folgeplaneten geringer wäre als die der Erde.

Alles andere, die gesamte Lebensphilosophie und vor allem die Begriffe von Ethik und Moral weisen völlig andere Dimensionen auf."

Fanti schaute sein Gegenüber an: „Logi, du Besitzer einer ungebremsten Fantasie, wir sollten einmal den Wind aus einer anderen Richtung wehen lassen. Was hältst du davon, für einen Wetterumschwung zu sorgen?"

„Okay, gerne, ich nehme deine Steilvorlage selbstverständlich an."

„Die Logik", ergriff Prof. Logistikus das Wort, „hat uns erkennen lassen, dass es *ein* Zwillings- Sonnensystem in einer Zwillings-Galaxie gibt. Also unsere Milchstraße gibt's zweimal.

Dieses zu Ende gedacht würde bedeuten, dass es ein Zwillingsuniversum geben müsste.

Aber allein der Begriff Universum schließt das Bestehen eines weiteren Universums aus. Neben einem

Allumfassenden wäre ein weiteres Allumfassendes ein logischer Widerspruch, also ein absolutes No-Go."

Fanti winkte Logi zu, „nichts überstürzen, wo bleibt deine Logik, Mister Logisticus? Denk doch mal nach. Wenn ich den Begriff Universum, das Allumfassende, ein wenig anders deute, so stimmt wieder alles.

Allumfassend muss nicht heißen, dass das gesamte All umfasst wird. Es kann auch so verstanden werden, dass mit Universum lediglich die Gesamtheit der uns mehr oder weniger bekannten Galaxien, Sternennebel, Gaswolken und all die sichtbaren und unsichtbaren Materien gemeint sind."

„Mein lieber Fanti, das nennt man also logisch", staunte Logisticus und er fuhr lächelnd fort:

„Ich wiederhole mich gerne.

Der Globus der Erde-Zwei ist also deckungsgleich mit dem der Erde-Eins. Meere, Kontinente, Wüsten, Regenwälder und Flüsse, Täler, Berge und Gebirgsketten, Ländergrenzen, Städte und Dörfer, alles wie hier auf Erden. Aber das Leben der Menschen dort und hier weist fundamentale Unterschiede auf."

Logi legte eine Pause ein, nahm einen kräftigen Schluck aus dem vor ihm stehenden Wasserglas und schaute seinen Freund an.

„Erlaube mir erneut einen kleinen Tapetenwechsel. Ich habe gerade etwas Erwähnenswertes im Blick.

Die Zwillings-Menschen dort sind äußerst mobil. Gewöhnungsbedürftig aber nicht verwunderlich ist, dass nur ganz wenige Leute dienstlich unterwegs sind.

Das Gros der Verkehrsteilnehmer befindet sich auf dem Weg in oder aus dem Urlaub. Nicht wenige ziehen Tagestouren zu Sehenswürdigkeiten, zu sportlichen oder kulturellen Veranstaltungen vor. Zahlreche Fahrten dienen dem Besuch von Freunden, Verwandten und Bekannten.

Weltreisen in ferne Länder und Kulturen sind im Jahreskalender mehrmals berücksichtigt.

Ganz hoch im Kurs und in der Beliebtheit stehen sogenannte Safaris. Für uns hier unten etwas Unbegreifliches. Zoos oder Tiergärten sind unbekannt und sogar überflüssig.

Man fliegt mal eben in ferne Länder zu den Exoten unter den Tieren. Und hier erkenne ich das bereits erwähnte Unglaubliche. Zwischen der Spezies Mensch und Tier besteht tatsächlich keinerlei gespanntes Verhältnis. Kein Tier und kein Mensch muss vor einem anderen flüchten oder sich vor ihm fürchten.

Ich muss gestehen, die Betrachtung dieser Zwillingswelt erfasst mich mit ehrfurchtsvollem Staunen. Wie wunderbar, wie sorgenfrei, wenn der Teufel keinen Zutritt hat.

Wenn ich jetzt sehe, wie friedlich ein achtjähriger Junge auf dem Rücken eines vor Wonne laut schnurrenden Löwenweibchens hockt und dessen Fell liebevoll krault, dann kann ich Tränen der Rührung kaum verhindern.

Nein, es ist nicht meine kranke Fantasie, pardon, niemand wird mir glauben wollen. Aber dort sehe ich ein Elternpaar, das völlig sorglos ihrem fünfjährigen Töchterchen zuschaut, wie es mit einem ihrer durchnässten Söckchen versucht, einem fünf Meter großen Krokodil die Zähne zu putzen. Und dieses „wilde" Tier liegt regungslos da und geniest die kindlich verspielte Zuwendung.

Ja, das Verhältnis zwischen Mensch und Tier ibestimmt von Zuneigung und blindem Vertrauen. Fanti, ich komme ins Schwärmen. Die Menschen lieben die Tiere und diese scheinen die Nähe dieser zweibeinigen Lebewesen zu mögen."

„Logi, ich verspüre Übelkeit und Traurigkeit, wenn ich nur daran denke, wie wir Menschen hier in diesem, unserem Jammertal mit den Tieren umspringen."

„Fanti, ich muss gestehen, mir geht es nicht anders. Gemessen an seinen begangenen Gräueltaten sind die Menschen die Besten unter allen Lebewesen.

Ich möchte nochmals auf etwas hinweisen," fuhr Logi fort, „was einer Hervorhebung würdig ist. Ich meine die ausgeprägte Reiselust der Zwillingsmenschen. Sie basiert auf der Vorliebe für Geselligkeit. Man trifft sich

nicht selten auch mit weiter weg
wohnenden Freunden, Verwandten
und Bekannten. Es spielt scheinbar
überhaupt keine Rolle, welche
Entfernungen dabei zu überwinden
sind.

Die Meetings starten im Allgemeinen
mit einemüppigen Mahl.

Interessant dürfte sein, dass während
des Speisens kaum ein Wort
gewechselt wird. Aber dann,
unmittelbar nach dem Dessert,
endlose, in freundlicher, respektvoller
Begeisterung ausgetragene
Diskussionen über, wie man so treffend
sagt, Gott und die Welt.

Auch einfacher Informations- und
Meinungsaustausch, so wie das auf den
ersten Blick sinnlose und inhaltslose
Blahblah scheinen in der Beliebtheit

sehr hoch angesiedelt zu sein. Allein das Miteinander zählt, die Thematik der Unterhaltung wohl weniger.

Nichts bringt Menschen näher zusammen als gemeinsame Mahlzeiten und eine anschließende zwanglose Unterhaltung.

Man ist nicht um Anlässe verlegen, allerlei Feste zu feiern. Man höre und staune, es wird sehr gerne ein Gläschen getrunken. Aber, Überraschung, Überraschung, es wird nie die Heiterkeitsgrenze überschritten.

Trunkenheit, Drogen, Saufgelage oder Fressorgien liegen außerhalb jedes Vorstellungsvermögens. Fahren oder Fliegen in leicht angeheiterten Zustand ergäbe keine Probleme, da alle Verkehrsmittel autonom gesteuert sind.

Kino-Theater-und Konzertbesuche oder Tanzfeste stehen ebenfalls hoch im Kurs. Sportveranstaltungen, Volksfeste, Vortragsabende und die Teilnahme an Gesangsveranstaltungen sind Mittelpunkte der Lebensgestaltung."

Logi schaute, wie um Verzeihung bittend, auf seine übergroße und auffallend bunte Armbanduhr. „Fanti, ich weiß, ich weiß, aber bitte, gewähre mir noch einen Zusatz, den ich gerne in Anspruch nehmen würde."

Die wohlwollende, gönnerhafte Geste seines Mitstreiters schenkte ihm die gewünschte Zugabe.

„Danke, Fanti. Du wirst mir zustimmen.

Es gibt dort in der Zwillingswelt weit und breit keine Kirchen, keine Gotteshäuser oder sonstige klerikalen

Einrichtungen. Es gibt keine Päpste, keine Priester, keine Ordensleute, überhaupt keine Geistlichkeit.

Der Glaube als Ausdruckeiner religiösen Ausrichtung ist dort ein unbekannter Begriff. Denn glauben heißt letztlich nicht wissen. Unsere Zwillings-Schwestern- und Brüder glauben nicht an Gott, denn sie wissen um die Existenz Gottes. Gottes Liebe ist dort oben der ständig gegenwärtige, meist unbewusst angelegte Maßstab aller Dinge, allen Handelns, Tuns und Denkens.

Ihre Gottbeziehung ist spontan und natürlich. Ihr Verhältnis zu Gott ist klar und einfach. Es wird nicht durch sektiererische oder pseudoklerikale und auch nicht durch religiöse Manipulationen verfälscht.

Ethik und Moral sind bei unseren Zwillingsmenschen derart fest integrierte Werte, dass es keiner Moralapostel, keiner Heilslehrer, keiner Religionsgründer oder Kirchenfürsten bedarf. Beneidenswert."

„Das heißt", schaltete sich Fanti wieder ein, „dass die dortigen Menschen nicht sündigen können, dass sie unfehlbar sind in ihrem moralisch, sittlichen Verhalten.

Ja, ja, ein Leben ohne Sünden wäre für uns hier unten kaum vorstellbar. Es soll sogar Sünden geben, die eine Menge Spaß machen.

Und jetzt taucht bei mir ein Unwohlsein auf, mein verehrter Logi, welches mein eigener Verstand nicht beheben kann. Deshalb frage ich dich, wenn man immer alles richtigmacht, wenn man niemals etwas tut, was man irgendwann einmal bereut, wenn einem nie ein Fehler unterläuft, wenn man nie jemand Anderen aus Eigennutz übers Ohr haut, ist das nicht zum Fürchten langweilig?"

„Fanti", lächelt Logi, „aus unserer irdischen Sicht wäre das wohl eine unvorstellbare Situation. Aber die da oben im Jenseits, die empfinden diese Makellosigkeit als stinknormale Selbstverständlichkeit.

Verzeih mir, wenn ich hier zum wiederholten Male darauf hinweise. Im Zwillingsleben gibt es nicht das Böse, es gibt dort keinen Teufel, der einem immer wieder, wie man so treffend sagt, in die Suppe spuckt. Aus der Daseinsschablone des irdischen Menschen nicht wegzudenkende

Verhaltensinhalte, wie zum Beispiel Sünde, Reue, Beichte, Buße und Strafe, sind dem Zwilling unbekannt gewordene Begriffe."

Logi stutzte für einen Moment. „Fanti, habe ich soeben behauptet, dass Buße und Strafe dort oben nicht vorkommen? Seltsam, etwas in mir will vehement widersprechen. Wir sollten da nochmal genauer hinschauen."

„Oay, aber all das, was du bisher erwähnt hast, lässt untrüglich den Schluss zu", warf Fanti ein, „dass das Leben nach dem Tod nicht mehr als Zeit der Bewährung anzusehen ist. Die einzige Zeit in der wir die Qualität unseres Himmeldaseins bestimmen können, ist ausschließlich die kurze Spanne hier unten."

Fanti, mein Freund", Logi hob schmunzelnd den Zeigefinger, „du bist zwar ein sehr gescheiter Mensch, aber manchmal kommen mir Zweifel auf, ob du nicht selber vor lauter Wissenschaft deine eigene Bewährung vergisst."

„Da mach dir mal keine Sorgen", konterte Fanti mit überlegenem Lächeln, „wer hier auf Erden deine Freundschaft erworben hat und diese dann auch noch solange ertragen konnte, der hat sich bereits für alle sieben Himmel qualifiziert."

Und mit wieder ernst zu nehmender Stimme kam die Frage: „Und worin glaubst du, besteht der Sinn des Lebens der Zwillingsmenschen?"

„Fanti ich will dir gern verraten, was mir als einzige Antwort in den Sinn kommt. Möchtest Du es hören?" Ohne eine Reaktion abzuwarten fuhr er fort: „Unser zweites Leben dient nicht mehr der Bewährung, sondern der Umgewöhnung, der Umstellung. Und an was müssen sich die Menschen in der Zwischenwelt gewöhnen? Ich glaube, eine Antwort gefunden zu haben.

Ziel des zweiten Lebens ist die Umstellung, ist die Umgewöhnung auf ein Leben in einer Welt, die von einer Dimension, und zwar von einer jenseitigen Dimension überstrahlt wird. Es ist die Dimension der Liebe Gottes. Ja, ich bin mir sehr sicher. Dieses zweite lange Leben dient in erster Linie der Vorbereitung auf das ewige Sein in der endgültigen Heimat, auf das Sein im ewigen Reich der Liebe Gottes."

Fanti sprang begeistert auf: „Gratuliere, aber genau so und nicht anders wird es, muss es sein.

Lieber Logi, du hast, wie nebenbei, etwas Wichtiges anklingen lassen. Du sprachst davon, dass unsere Zwillinge in der jenseitigen zweiten Welt ein sehr langes Leben zur Verfügung haben. Du wirst damit Recht haben, auch ich schätze deren Lebenszeit auf deutlich über hundert Jahre. Scheinbar ist die Umstellung auf ein Sein ohne Böses gar nicht so einfach.

Und in dem Zusammenhang noch etwas Wesentliches.

Ein diesseitiger Mensch stirbt mit achtzig bis neunzig Jahren. Es wäre unsinnig davon auszugehen, dass in der Zwillingswelt das irdische Alter fortgesetzt wird.“

„Fanti, Fanti", schmunzelte Logi, „du solltest dich mal einer Inspektion unterziehen. Wenn man dich so erlebt, kann man den Eindruck gewinnen, dass du, einmal in Fahrt gekommen, nicht mehr zu bremsen bist."

Fanti verschlug es für einen Moment die Sprache: „Looogi, ich befürchte, deinem Gequasel fehlt es an Logik, denn statt einzuschlafen hörst du mir ja immer noch aufmerksam zu. Aber bitte, mach weiter, wenn du meinst, du hättest mehr logische Fantasie als ich."

„Nein, nein, Fanti, das ist deine Spezialität. Ich dagegen bin im Besitz von einem Überschuss an fantastischer Logik.

Hör zu, mein lieber Fanti, ist ja gut, ich werde es dir mit dem Folgenden beweisen.

„Ich", stellte Logi fest, „bin mir sicher, dass über neunzig Prozent der Jenseitigen keiner Erwerbstätigkeit nachgehen. Die paar Menschen, die nach ihrem Abschlussexamen in die Entwicklungsforschung eingestiegen sind, tun dies mit Begeisterung ehrenamtlich.

Dies ist nur so zu erklären, dass unseren Zwillings-Brüdern und – Schwestern jegliches Bedürfnis nach Wohlstand, Besitz- oder Reichtum fehlt. Ich weise nochmal auf die für uns unvorstellbare Tatsache hin, dass es dort kein Geld und kein anderes Zahlungsmittel gibt. Wer ein Haus bauen will, braucht keinen Finanzierungsplan vorweisen.

Bedarfsartikel für den Alltag, Lebensmittel oder

Gebrauchsgegenstände aller Art, wie zum Beispiel Kleidung, werden per Hotline bestellt und kurzfristig mit Drohnenpost geliefert.

Das Ganze, wie selbstverständlich kostenlos, ohne Rechnung oder Zahlungsanweisung.

Weiterhin hervorzuheben", fuhr Logi fort, „dass der Kunst höchste Wertschätzung zukommt. So werden im Rahmen des dort üblichen Schulsystems parallellaufende Studienfächer für alle Kunstrichtungen angeboten."

„Okay", Logi schaute Fanti prüfend an: „Lieber Fanti, lass uns hier einen Schnitt machen. Es gäbe noch unendlich viel über einige Details zu berichten. Ich meine aber, dass wir der Logik und der Fantasie jedes Einzelnen, der sich für das Leben in der zweiten Welt interessiert, ein gehöriges Maß an Spielraum belassen sollten."

„Du hast ja, wie immer recht", stimmte Fanti zu.

„Nur eine einzige Frage hätte ich dir noch gerne vorgelegt."

„Logi, lass hören."

„Danke, Fanti", fuhr Logi fort, „ich komme nicht mit der Feststellung zurecht, dass die Menschen dort im Jenseits weit über hundert Jahre alt werden. Und das, ohne irgendwann einmal eine Krankheit zu erleiden, ohne Unfälle und ohne die leidlichen, bei uns hier üblichen Alterungsprozesse."

„Logi", staunte Fanti, „wo ist denn deine blühende, logische Fantasie geblieben?

Bedenke, dass die Zwillinge nicht den bei uns üblichen, berufsbedingten Stressbelastungen ausgesetzt sind. Unfälle, jeglicher Art, werden dank der perfekten, autonomen Steuerungs- und Überwachungssysteme ausgeschlossen.

Von Bedeutung ist, dass in der Zwillingswelt die krankmachende Wirkung des Bösen ausgeschlossen ist. Diese Menschen leben in der wohltuenden, gesundheitsfördernden Atmosphäre von Liebe und Güte, von Zufriedenheit und Zuversicht.

Ich kann deine, dir auf der Zunge brennende Frage, erahnen. Sie lautet: Woran sterben diese Leute, wenn sie nicht krank oder gebrechlich werden?"

„Fanti, ich muss zugeben, dass ich an diesem Punkt mit logischem Denken nicht weiterkomme. Ich bezweifele auch, ob deine Fantasie reicht, zu einer annähernd annehmbaren Erklärung zu gelangen. Ich..."

Fanti ging jetzt vehement dazwischen.

„Stopp, stopp, mein Verehrtester. Das sehe ich aber anders. Es ist nun mal in unserer Nachfolgewelt Bestimmung, dass das Leben dort nicht durch Krankheit, Mord und Totschlag oder Suizid beendet wird. Das dortige Menschsein ist eingebettet in Liebe, Freundschaft, Zuneigung, Wohlwollen und einer unvorstellbaren Gottverbundenheit.

Es herrscht dort ein allgegenwärtiges, intensives erleben der Nähe Gottes und der göttlichen Liebe. Und genau hier geschieht etwas, das für uns Bewohner des Jammertals Erde, nicht nachvollziehbar ist.

Bei unseren Brüdern und Schwestern dort oben entwickelt sich im Laufe ihres wundervollen Lebens eine unglaublich intensive Gottverbundenheit und Gottessehnsucht. Es beherrscht sie ein zunehmendes, sehnsüchtiges Verlangen, Gott so nahe wie möglich zu sein.

Am späten Abend eines paradiesischen Lebens fällt irgendwann die Entscheidung, dem dortigen Sein den Rücken zu zuwenden und so schnell wie möglich heimzukehren in die endgültige Bestimmung und endgültig einzutauchen in das wunderbar wohltuende, göttliche Licht.

Ja, Logi, du neugierige Denkmaschine, du trägst, für jedermann ersichtlich, immer noch die schwerwiegende Frage wie eine Fahne vor dir her: Wie oder woran sterben diese Zwillingsmenschen?

Meine fantastische Vorstellung geht dahin, dass sie mit den Jahren der überwältigenden Gottessehnsucht nicht mehr widerstehen können. Der Körper, die Gefühle und der Geist verfallen einer alles erfassenden Selbstsuggestion. Sie legen sich auf ihre Ruhestätte, versetzen sich in einen Zustand der totalen Nullstellung. Das hat zur Folge, dass die Energie des Lebens den Körper verlässt. Das Leben, als ichbewusstes Seelenwesen verabschiedet sich endgültig von der leiblichen Materie. Dieser Abschiedsprozess verläuft ohne unangenehme Empfindungen und ist vergleichbar mit einem abendlichen Einschlafen.

Die Zeremonie des Vollzuges kennt unterschiedliche Gestaltungen.

Von einer langfristigen Ankündigung, verbunden mit zahlreichen Abschiedsfeiern, bis hin zu stillem Geschehen in aller Abgeschiedenheit."

„Starker Tobak Fanti", staunte Logi atemlos. „Nur gut, dass diese Beschreibung aus dem Munde der Fantasie stammt. Aber alle Achtung, rein logisch gesehen, könnte da was dran sein."

„Logi", warf Fanti ein, „ich muss jetzt den energieraubenden Blick in die jenseitige Welt beenden. Meine alten geistigen Augen werden müde, und ehrlich gesagt, ich spüre eine große Lust etwas Stärkendes zu mir zu nehmen."

„Fanti, deine geistige Kondition war auch schon mal besser. Aber, okay, lass uns ein paar Schritte dort den Flur entlanggehen."

„Gute Idee, Logi, trotzdem, über einen ganz bedeutsamen Punkt aus dem Leben der Zwillinge müssen wir unbedingt noch reden."

„Und das wäre"? wollte Logi wissen.

„Enttäusche mich jetzt nicht mein Lieber, ich hätte gewettet, dass du genau weißt, was ich meine."

„Weiß ich doch auch, Fanti. Warum regst du dich denn so auf.

Du kennst mich doch. Nach so vielen Jahren gemeinsamen Schaffens weiß der eine doch immer genau, was der andere gerade in seinen grauen Zellen durch den Fleischwolf dreht. Jetzt hör genau hin, du Zweifler aller Zweifler.

Wir sollten uns noch einmal zusammenraufen und genau hineinschauen, in dieses Übergangs-Jenseits. Ich jedenfalls möchte gerne eine Aufklärung darüber bekommen, welche Rolle das sich während des Erdendaseins entwickelte Gewissen bei denen dort oben spielt."

„Fanti, wir sind uns einig, dass das Gewissen ein, bei jedem Menschen anzutreffender Bestandteil des bewussten Ich´s ist. Es ist die Instanz, die nach individuellen Gegebenheiten gut und böse, richtig und falsch erkennt und wertet. Es warnt präventiv vor moralisch-ethischem Fehlverhalten und entwickelt Unbehagen bis hin zu quälenden, schmerzhaft beißenden

Selbstvorwürfen nach Verstößen gegen die guten Sitten. Bei der Tatbewertung, bei der Urteilsfindung, werden vom Gewissen strafverstärkende aber auch mildernde individuelle Umstände exakter berücksichtigt als jeder Jurist das könnte. Auch die individuell oft differierenden Wertvorstellungen werden bei der Urteilsfindung beachtet. Das individuelle Gewissen ist die einzige juristische Instanz, der keine Fehlurteile unterlaufen. Das Gewissen ist unbestechlich, es lässt sich durch nichts nachhaltig zum Schweigen bringen.

Also noch einmal die Frage, nimmt die Seele ihren Gewissensrucksack mit in die Zwillingswelt?"

„Erstaunt, erstaunt mein lieber Logi", nahm Fanti die Frage auf. „Ich bin fest davon überzeugt, dass das Gewissen mitgenommen wird ins Zwillingsjenseits.

Wie immer wieder erwähnt, ist das Zwillingsdasein frei von Bösem, Schlechtem und Sündhaftem. Aber ich kann mir nichts Anderes vorstellen, als dass jeder Zwillingsmensch sein hier unten geprägtes Gewissen unverändert in der Zwischenwelt sein Eigen nennt."

„Fanti", reagierte Logi spontan, „du hast mir aus der Seele gesprochen. Ich bin hundert Prozent bei dir."

„Nur eines noch verrät mir meine Fantasie", beeilte sich Professor Fantasticus: „Man sollte nicht erwarten, dass die Gewissensbisse dort oben im Reich der Güte und Liebe abgemildert werden. Ganz im Gegenteil, die irdischen Missetaten erhalten dank der dort anzutreffenden äußerst positiven ethisch-moralischen Einstellung, eindeutig klarere Konturen. Und das müsste bedeuten, dass die Bisse des Gewissens während des Lebens in der Zwillingswelt deutlich schmerzhafter und präsenter sind als hier bei uns. Ich kann mir gut vorstellen, dass ein Verbrecher in seinem ersten Leben seine Missetaten nur dann bereut hat, wenn er von der Polizei erwischt wurde. Aber jetzt in seinem zweiten Leben ist auch der ehemals irdische Schwerenöter mit einer hochwertigen ethisch-moralischen Gesinnung ausgestattet.

Die Schwere seiner Fehltritte im ersten Leben wird ihm jetzt erst in vollem Umfang bewusst. Das Gewissen erfährt während des Zwischendaseins seine endgültige, der ewigen Gerechtigkeit entsprechende Prägung und Wirkung.

Die in der Zwillingswelt nachjustierten Gewissensbisse werden jetzt zur absolut gerechte Strafe. Diese juristische Feinabstimmung des Gewissens im zweiten Leben wäre durchaus mit dem zu vergleichen, was im Christentum als Jüngstes Gericht, im Islam als al Haschr bezeichnet wird."

„Fanti, verzeih, dass ich unterbreche. Aber meine fantastische Logik kommt im Moment ein wenig aus dem Tritt. Was meinst du, Bruder im Geiste, wird es die göttliche Liebe überhaupt zulassen, dass Menschen dereinst im Himmel, das heißt im Reich Gottes, mehr oder weniger, aber auf ewig unter ihrem Gewissen leiden?

Ich jedenfalls stelle das in Zweifel. Hör dir mal folgende Zitate an.

Epheser 4, 32: „Seid aber untereinander freundlich und herzlich und vergebt einer dem anderen, wie auch Gott euch vergeben hat…."

Matthäus 6, 14: „Denn, wenn ihr den Menschen ihre Verfehlungen vergebt, so wird euch euer himmlischer Vater auch vergeben."

Kolosser 3, 13: „… und vergebt euch untereinander, wenn jemand Klage hat gegen den anderen, wie der Herr euch vergeben hat, so vergebt auch ihr."

Markus 11, 25: „Und wenn ihr steht und betet, so vergebt, wenn ihr etwas gegen jemanden habt, damit auch euer Vater im Himmel euch vergebe eure Übertretungen."

Johannes 4, 16: „Die Ansicht, Gott würde Menschen ohne Ende in einer Hölle quälen, stimmt jedoch mit verschiedenen Grundaussagen der Bibel nicht überein: -Gott ist die Liebe.“

„Logi, auch ich bin mir ziemlich sicher, dass Gott es nicht zulässt, dass Menschen in seinem ewigen, himmlischen Reich leiden.“

„Fantastisch, Fantasticus, das sehe ich genauso. Damit komme ich zu der Überzeugung, dass mit den geschärften Gewissensbissen während des zweiten Lebens, das komplette Strafmaß endgültig abgegolten wird.

Mein lieber Freund und Bruder im Geiste, mein lieber Fantastikus. Ich bin ganz und gar deiner Meinung. Im Reich der göttlichen, vergebenden Liebe wären Buße und Strafe völlig fehl am

Platz."Logi atmete tief ein, wartete einen Moment, er nahm den Zeigefinger vom Mund und hielt diesen wie ein Ausrufezeihen in die Höhe: „Mein lieber Fanti, dann dient das zweite Leben sicherlich nicht nur der Umgewöhnung. Ich werde den Verdacht nicht los, dass das zweite Leben vor allem dem gerechten kompletten Strafvollzug dient."

„Logi, du Großmeister der grauen Zellen, ich bewundere dich. Deine Vermutungen entsprechen meiner Überzeugung nach absolut der Realität. Im zweiten Leben verbüßen wir die Sünden des ersten Lebens. Weißt du Logi, was das bedeutet? Das zweite Leben ist nicht, wie wir anfangs vermutet haben ein einziges High Life, sondern für manch einen Bösewicht auch die Hölle. Eine Hölle, die ihm sein Gewissen bereitet."

„Genau mein Bester", bestätigt Logi. „Ich kann mir gut vorstellen, dass die zahlreichen Aktivitäten, wie Reisen, Einladungen oder die Teilnahme an kulturellen Ereignissen bei manch einem Gewissensgeplagtem dem Versuch der Ablenkung von seinen strafenden Qualen dienen."

„Mein lieber Freund und Bruder im Geiste, mein stets bewunderter Logi, unschwer zu erkennen, dass sich göttliche Gerechtigkeit und göttliche Liebe nicht ins Gehege kommen. Das heißt, dass dereinst im Reich der ewigen göttlichen Liebe alle Menschen-Seelen frei von jeglicher Schuld sind."

Fantasticus saß vorgebeugt in seinem Sessel, die Ellenbogen auf den Knien abgestützt und das Gesicht in den Händen vergraben.

„Logi, wir werden alt. Auch ich habe das Bedürfnis, einem gewissen Müdigkeitsgefühl nachzugeben. Ich erlebe förmlich, wie mein Körper vergeblich versucht, mit meinem Verstand Schritt zu halten."

Fanti schaut jetzt auf, „ich danke dir mein Freund, kehren wir von unserer hochinteressanten und aufschlussreichen, logisch fantastischen Reise ins Jenseits zurück in den realen Alltag. Wir werden all das Gesehene aufschreiben."

„Ich könnte mir allerdings gut vorstellen", gab Logi zu bedenken, „dass unsere fantastischen und logischen Erkenntnisse, falls sie der Öffentlichkeit bekannt werden, sowohl große Begeisterung als auch jede Menge Widerspruch und Anfeindungen zur Folge haben werden. Ganz zu schweigen davon, welche Breitseite Rom auf uns abfeuern wird. „Abschließend sollten wir noch einen enttäuschenden Blick auf eine unangenehme, aber nicht zu leugnende Realität werfen, auf das Werk des Teufels."

Trotz Globalismus und zahlreicher internationaler Friedensverträge scheinen in unserer Welt vor allem nationaler Egoismus und Misstrauen enormen Einfluss auf das politische Geschehen auszuüben.

Angesichts wachsender Spannungen, erreichen die Ausgaben für Aufrüstung schwindelnde Höhen.

Der kalte Krieg verschlingt weltweit jährlich die wahnwitzige Summe von rund 1,5 Billionen Euro. (1 Billion = 1ooo Milliarden, 1 Milliarde = 1000 Millionen, oder 1 Billion = 1000 x 1000 Millionen).

Die Menge der rund um den Globus einsatzbreiten atomaren Sprengköpfe, wird mit rund 15 000 angenommen.

Nur wenige davon wären schon in der Lage, alles Leben auf Erden zu vernichten. Natürlich geht von diesen Waffen eine abschreckende Wirkung aus. Aber nicht zu übersehen die permanente Gefahr, dass eine von verstecktem Wahnsinn geleitete Hand auf den roten Knopf drückt.

Die Wissenschaft bezeichnet den Menschen als homo sapiens, als vernunftbegabtes Wesen. In der Bibel

wird der Mensch als Ebenbild Gottes
beschrieben.

An der Korrektheit dieser Definitionen
können jedoch große Zweifel
aufkommen, denkt man nur an die
Glaubenskriege und Kreuzzüge des
Mittelalters und an die Tatsache, dass
es bis in die heutige Zeit religiös
motivierten Terror gibt.

Gewalt ist die Taktik der Schwäche und
der Dummheit.

Liebe ist die Strategie der Größe und
der Klugheit.

Gewalt züchtet Hass, Feindschaft und
Tod. Liebe erntet Verständnis,
Freundschaft und Leben.

Aber die Geschichte der Menschheit ist
eine mit Blut geschriebene Geschichte
der Gewalt.

Ihr Kirchenfürsten dort oben, ihr Vertreter des einen und einzigen Gottes, seid Vorbilder der Liebe, sucht nicht das Trennende sondern das Verbindende der Religionen.

Ihr Könige und Kaiser, ihr Regierungspräsidenten und Alleinherrscher der Völker, hisst die Fahnen der Liebe auf den Kuppeln eurer politischen Paläste. Aus Grenzen würden Nahtstellen der Freundschaft und der Verbrüderung.

Wer keine Fragen stellt, erhält auch keine Antworten.

Reichtum und Macht sind des Teufels Generäle.

Gutes geht nur mit Herz, Böses nur ohne Herz.

Ohne Gott wartet der ewige Tod, mit Gott das ewige Leben.